Dieter Nörr

Divisio und Partitio

Münchener Universitätsschriften · Juristische Fakultät

Abhandlungen zur
rechtswissenschaftlichen Grundlagenforschung

herausgegeben im Auftrag der Juristischen Fakultät

von

Sten Gagnér
Arthur Kaufmann
Dieter Nörr

Band 4

1972

J. Schweitzer Verlag · Berlin

Dieter Nörr

Divisio und Partitio

Bemerkungen zur römischen Rechtsquellenlehre
und zur antiken Wissenschaftstheorie

1972

J. Schweitzer Verlag · Berlin

Gedruckt mit Unterstützung aus den Mitteln der Münchener Universitätsschriften

ISBN 3 8059 0243 3

Satz: Studio Feldafing – Druck: W. Hildebrand, Berlin

Vorwort

Die vorliegende Abhandlung versucht, von einem konkreten rechtshistorischen Problem ausgehend einige spezielle Fragen der antiken Wissenschaftstheorie zu erörtern und diese Erörterung für die Lösung des rechtshistorischen Problems zu verwerten. Über einzelne Teile habe ich auf dem ersten internationalen Kolloquium über römisches Recht, lateinische Sprache und Literatur in Rio de Janeiro (20.–25. Juli 1970) unter dem Titel „Ciceros Topik und die römische Rechtsquellenlehre" (abgedruckt in den Kongreßakten, Romanitas XI/9, 1970, 418 ff.) und auf Einladung des Institut du droit romain in Paris am 18.12.1970 unter dem Titel „divisio et partitio" referiert. Für Anregungen schulde ich sowohl den Teilnehmern dieser Veranstaltungen als auch den Mitgliedern meines rechtshistorischen Seminars in Münster und München Dank. Ebenso habe ich denjenigen zu danken, die mir bei der Drucklegung halfen. Für die rechtshistorischen Abkürzungen darf ich auf das Verzeichnis bei M. Kaser, Römisches Privatrecht I^2, 1971 (im Handbuch der Altertumswissenschaft) verweisen.

München, im Frühjahr 1972 Dieter Nörr

Inhaltsübersicht

I. Problemstellung

Noch immer scheint die Verbannung des Gewohnheitsrechts aus dem Bereich der von den römischen Juristen anerkannten Rechtsquellen nicht vollständig aufgehoben zu sein[1]. An anderer Stelle[2] habe ich – wenn auch nur skizzenhaft – versucht, die Rezeption und Weiterentwicklung der Theorie vom Gewohnheitsrecht durch die Juristen des 2. Jhd. n. Chr. aus den historischen Bedingungen der Zeit verständlich und glaubhaft zu machen. Ein Ziel der folgenden Darlegungen ist es, die Skizze in einem kleinen Teil auszuführen. Dabei geht es um die Frage, warum das Gewohnheitsrecht in den mit Sicherheit klassischen Rechtsquellenkatalogen der römischen Juristen nicht auftaucht. Es läßt sich nicht bestreiten, daß das Fehlen des Gewohnheitsrechts in diesen Katalogen ein starkes Indiz gegen eine Auffassung darstellen könnte, die den römischen Juristen der klassischen Zeit die Erkenntnis des Gewohnheitsrechts als Rechtsquelle zuschreibt.

Für die folgenden Ausführungen ist zu beachten, daß wir den Terminus „Gewohnheitsrecht" hier nicht in dem begrifflich verhältnismäßig exakten, in seiner Praktikabilität aber recht anfechtbaren Sinn gebrauchen, wie er – mit verschiedenen Nuancen – von Puchta bis heute die Lehrbücher beherrscht[3]. Vielmehr genügt für uns die (banale) Feststellung, daß es Rechtsinstitute, Rechtsnormen und allgemeine Rechtsgrundsätze gibt, die nicht auf den fixierbaren Willen eines bestimmten Gesetzgebers (i.w.S.) zurückgeführt werden können[4]. Es ist wohl noch niemals bestritten worden, daß das römische Recht weithin auf dem Gewohnheitsrecht in diesem Sinne beruht. Davon ist aber scharf zu unterscheiden, ob die Rechtskundigen der jeweiligen Zeit das Gewohnheitsrecht als „Rechtsquelle" bewußt erfaßten. Auch hier wird es unnötig sein, den

---

1 Vgl. etwa die ältere Literatur bei Kaser, SZ 59, 1939, 52 ff.; ders., Römisches Privatrecht I, 1955[1], 173 f. (vgl. aber jetzt auch die 2. Auflage, 1971, 195 f., in der Kaser die Klassizität des Gewohnheitsrecht bejaht); seitdem etwa Thomas, RIDA 3. S. 12, 1965, 469 ff.; ders., Tijdsch. 31, 1963, 34 ff.; Wieacker, IRMAE I 2a § 25 (anders jetzt in RH 49, 1971, 221); vor allem aber B. Schmiedel, Consuetudo im klassischen und nachklassischen römischen Recht, 1966. Kritisch zur These Schmiedels etwa Mayer-Maly, Gnomon 41, 1969, 383 ff. und meine Besprechung in SZ 84, 1969, 454 ff. Gegen die bisher h.L. im Ergebnis wohl auch Biondi, Labeo 13, 1967, 80; Bretone, Riv. di Filologia 3.96, 1968, 6 f. des S.-A.; Modrzejewski, Loi et Coutume dans l'Égypte Grecque et Romaine (Privatdruck Paris 1970) § 17 (S. 297 ff.), § 29 (S. 416 A. 20); dort auch weitere Hinweise, vor allem auf Schriften von Gaudemet.

2 Festschrift f. W. Felgenträger, 1969, 353 ff.

3 S. nur Enneccerus-Nipperdey, Allgemeiner Teil des Bürgerlichen Rechts, 1959[15], §§ 32 II, 38, 39.

4 Vgl. auch v. Jhering, Geist des römischen Rechts II 1, 1894[5], 274 f.; Wieacker, Vom Römischen Recht, 1961[2], 255.

Begriff „Rechtsquelle“[5] allzu exakt zu fassen. Als Kriterium für die Qualität als Rechtsquelle genügt es uns, wenn das Gewohnheitsrecht in ähnlichem Sinne als Mittel der Rechtsschöpfung und Rechtserkenntnis aufgefaßt wird wie das Gesetz. Es soll nicht bestritten werden, daß dann, wenn der Beweis geführt worden ist, daß die römischen Juristen ein Gewohnheitsrecht in dem umschriebenen Sinne kannten, eine nähere Präzision möglich, vielleicht auch notwendig ist. Doch soll das – sowohl was die juristischen als auch was die rhetorischen Rechtsquellenkataloge betrifft – im Moment nicht unsere Aufgabe sein.

Soweit es die Lehre vom Gewohnheitsrecht betrifft, ist das Thema der folgenden Abhandlung also recht begrenzt. Zum Ausgleich ist zu vermuten, daß der Aspekt, unter dem hier die Lehre vom Gewohnheitsrecht betrachtet wird, sowohl für die Methode der römischen Juristen als auch für die antike Wissenschaftstheorie schlechthin aufschlußreich sein kann. Was den ersten Punkt betrifft, so ist bekanntlich in den letzten Jahren – parallel zur stärkeren Beachtung methodischer Aspekte im geltenden Recht – die „Methode der römischen Rechtsfindung“[6] in den Mittelpunkt der rechtshistorischen Interessen getreten. Zeugnis dafür sind die verschiedenen Monographien über *regulae*[7] und *definitiones*[8], über die topischen und systematischen Aspekte der römischen Rechtswissenschaft[9], schließlich auch über die Methode der juristischen Entscheidungsbegründung[10]. Mit diesen Studien unmittelbar verknüpft ist die Frage

5 der auch von Cicero – wenn auch in verschiedenem Sinne – benutzt wird; s. nur de leg. 1.5.16; 6.20; part orat. 37.131; de rep. 5.3.5; Laktanz, Div. inst. 5.19.2 passim; vgl. auch Pomp. 1.2.2.6. Zur Kritik am Begriff „Rechtsquelle“ vgl. etwa Orestano, I fatti di normazione nell' esperienza Romana arcaica, 1967, 2 ff.

6 Das ist der Titel der Schrift von Kaser, Ak. Göttingen 1962; weitere Lit. bei D. Nörr, Die Entstehung der longi temporis praescriptio, 1969, 6 A.6.

7 S. P. Stein, regulae iuris, 1966; Schmidlin, Die römischen Rechtsregeln, 1970; vgl. auch D. Nörr, Spruchregel und Generalisierung (erscheint in SZ 89, 1972).

8 Vgl. die beiden Bücher von Carcaterra und Martini mit dem Titel „Le definizioni dei giuristi romani, 1966; vgl. auch F. Schwarz, AcP 152, 1952, 196 ff.; La Pira, BIDR 44, 1936/7, 131 ff.; Torrent, Salvius Julianus, liber singularis de ambiguitatibus, 1971, 26 ff.

9 Vgl. nur Villey, Recherches sur la littérature didactique du droit romain, 1945; Viehweg, Topik und Jurisprudenz, 1965³, 26 ff.; Mette, Ius civile in artem redactum, 1954; M. Fuhrmann, Das systematische Lehrbuch, 1960, 104 ff., 183 ff.; allgemein auch F. Schulz, Geschichte der römischen Rechtswissenschaft, 1961, 73 ff.; L. Lombardi, Saggio sul diritto giurisprudenziale, 1967; Kaser, Zur Glaubwürdigkeit der römischen Rechtsquellen, Atti II. Congr. Internaz. SISD Venezia 1967, 1 ff. des S.-A.; jeweils mit reicher Lit.

10 S. Horak, Rationes Decidendi, 1969; Wieacker, SZ 88, 1971, 339 ff.

nach den Einwirkungen von Philosophie und Rhetorik[11] auf die römische Rechtswissenschaft. Das bisherige Ergebnis dieser reichen Diskussion scheint mir zu sein, daß man zwar über viele Einzelfälle, in denen philosophisch-rhetorischer Einfluß vorliegt, einig ist, daß man aber über die Gewichtigkeit des Einflusses im ganzen noch streitet und wegen Fehlens von Meßskalen verständlicherweise auch noch weiter streiten wird. Wie die Diskussionsthemen vermuten lassen, hat man sich bisher vor allem um Probleme gekümmert, die (wie etwa die Lehre von den Definitionen und die Systematik) die Möglichkeit einer philosophisch-rhetorischen Fragestellung offen nahelegen. Kaum bedacht wurde die Möglichkeit, daß philosophisch-rhetorische Schemata manchen Juristen so selbstverständlich wurden, daß sie unbewußt Anwendung fanden oder – darüber hinaus – daß diese Schemata dazu dienen könnten, – unabhängig von ihrem historischen Stellenwert und von der Frage ihrer bewußten oder unbewußten Anwendung durch die Zeitgenossen – die Methode der Juristen zu beschreiben. Unter dem zuletzt genannten (wissenschaftstheoretischen) Gesichtspunkt wäre die Tatsache, daß der methodische Ansatz im römischen Recht und das ihn erklärende philosophisch-rhetorische Schema zur gleichen historischen Epoche bezeugt sind, rein zufällig.

Zusammenfassend ist also festzustellen, daß wir die folgenden Ausführungen unter drei Aspekten sehen wollten, einem juristischen (Existenz einer Theorie des Gewohnheitsrechts), einem im engeren Sinne geistesgeschichtlichen (Beeinflussung der Jurisprudenz durch die zeitgenössischen Denkmethoden), einem – sicherlich auf eine recht beschränkte Frage angewandten – methodischen (Anwendung allgemeiner wissenschaftstheoretischen Instrumente auf die antike Wissenschaft).

11 Dazu existiert inzwischen eine fast unübersehbare Lit. Vgl. zuletzt etwa Bretone, Labeo 15, 1969, 298 ff. mit weiteren Nachweisen. – Philosophie und Rhetorik können in der die römische Jurisprudenz angehenden Epoche hinsichtlich der hier interessierenden Fragen nicht unterschieden werden. Charakteristischerweise wird innerhalb der Stoa bekanntlich die Auffassung vertreten, daß die Rhetorik ein Teil der Philosophie sei (Diog. Laert. VII 41).

II. Ansätze von Rechtsquellenkatalogen in der römischen Gesetzgebung (i.w.S.)

Bevor wir die Rechtsquellenkataloge in den Juristenschriften erläutern, ist auf einige Vorläufer hinzuweisen, die zwar keine ausgearbeiteten Kataloge, aber immerhin Ansätze zu solchen enthalten. Sie könnten – mindestens teilweise – auch Quellen für die juristischen und die nichtjuristischen Kataloge gewesen sein[12]. Es handelt sich um Stellen aus der römischen Gesetzgebung (im weitesten Sinne, einschließlich der Edikte), in denen Quellen der römischen Rechtsordnung[13] aufgezählt werden. Das älteste Beispiel ist die zwischen 242 und 123 v. Chr. erlassene *lex Papiria de sacramentis* (FIRA I, Leges Nr. 2), die zur Umschreibung der Kompetenz der *tresviri capitales* die Klausel verwendet: ... *uti ex legibus plebeique scitis exigere iudicareque esseque oportet*[14]. Ausführlicher ist schon die sogenannte *lex Iulia municipalis*[15]. In ihr wird ein Verbot (hier gleichgültigen Inhalts) ausgesprochen mit einer Einschränkung zugunsten derjenigen Personen, *quibus uteique legibus plebeive scitis senatusve consultis concessum permissumve est*[16]. In der Prinzipatszeit erscheinen in der *lex de imperio* Vespasians[17] die *leges rogationes plebisvescita senatusveconsulta*, im *Edictum perpetuum*[18] neben den *leges, plebiscita, senatusconsulta* noch die *edicta* und die *decreta principum*.

---

12 So mit Recht Fuhrmann a.a.O. 185.

13 Zu dieser Einschränkung s.u. V.

14 Zu dieser *lex* vgl. nur Kunkel, Untersuchungen zur Entwicklung des römischen Kriminalverfahrens, Abh. Ak. München 1969, 71 A.269. Interessant ist es, daß hier – im 2. Jhd. v.Chr. – anders als in den Quellen des 1. Jhd. v.Chr. – das SC noch nicht als Rechtsquelle erscheint. – Vgl. zu diesen Fragen Crifò, BIDR 71, 1968, 31 ff.; Schiller, An American Experience in Roman Law, 1971, 161 ff. (= Tul. Law Rev. 33, 1958/9, 491 ff.). Vgl. vor allem Cic. de leg. 3.3.10; 3.12.27 f.

15 a. 45 v.Chr.; ebenda Nr. 13 Z. 72; vgl. auch Z. 52; s. hierzu jetzt Crifò a.a.O. 70 ff. mit Lit.

16 Schließlich ist noch auf das fragm. Atestinum hinzuweisen (FIRA I, leges, Nr. 20 Z. 10 ff.), wo die Reihe *lex, foedus,* Plebiszit, Senatusconsult und *institutum* erscheint. Auf die schwierige Frage der Qualifizierung des „*institutum*" ist hier nicht einzugehen. Mit dem Gewohnheitsrecht dürfte dieser Begriff unmittelbar wohl nichts zu tun haben (so richtig Mayer-Maly, SZ 85, 1969, 546 A. 4). M.E. ist hier eine generalklauselartige Wendung zu vermuten, die – gleichsam mit notarieller Ängstlichkeit – alle denkbaren Rechtsetzungsakte, soweit sie nicht schon vorher ausdrücklich genannt waren, umfaßt (s. etwa Cic. top. 23.90).

17 Ebenda Nr. 15 Z. 34. – Vgl. zur *lex de imperio* zuletzt Luzzatto, Studi Volterra II, 747 mit Lit.; Bretone, Tecniche e Ideologie dei Giuristi Romani, 1971, 29 f.

18 Lenel, Edictum Perpetuum, 1927[3], IV § 10 (*de pactis conventis*; vgl. Ulp. 2.14.7.7), VI § 16 (*qui nisi pro certis personis ne postulent*; vgl. Ulp. 3.1.1.8), X § 44 (*ex quibus causis maiores ... restituuntur*; vgl. Ulp. 4.6.1.1), XLIII § 237 (*ne quid in loco*

Sicherlich dienen diese Texte einem unmittelbar praktischen Ziel, nicht der theoretischen Umschreibung der römischen Rechtsordnung. Doch konnten sie einem theoretischen Ansatz zum Vorbild dienen. Für unser Thema ist es wichtig, daß in ihnen das Gewohnheitsrecht (*mos, consuetudo*) als Rechtsquelle nicht genannt wird[19].

---

publico . . . ; vgl. Ulp. 43.8.2 pr.); s. im übrigen jetzt auch Crifò a.a.O. 72 A. 181. Zum Ausdruck *principum decreta* s. Cicero, de leg. 1.16.43.

19 Welche Bedeutung die Erwähnung der *nota iuris* E.C. (*ex consuetudine*) bei Valerius Probus (ex cod. Einsidl. 326 Nr. 72; s. FIRA II (Auctores) p. 459; 1. Jahrh. n.Chr.) hat, wage ich nicht zu entscheiden, da der nähere Kontext unbekannt ist. Bekanntlich beziehen sich die *notae* auf das *ius civile*, auf *leges, plebiscita, legis actiones, edicta* (vgl. Teuffel, Röm. Literatur, § 300, 4).

III. Die Kataloge in den Juristenschriften

Von den hier interessierenden Rechtsquellenkatalogen aus den römischen Juristenschriften darf der Katalog im Frag. Dos. 2 außer Betracht bleiben, da er verstümmelt ist und im übrigen wohl auf den Institutionentext des Gaius zurückgeführt werden kann[20]. Ebensowenig soll uns hier der Ansatz zu einem Katalog interessieren, wie ihn die Einteilung in das *ius ex scripto aut sine scripto* der Ulpian-Institutionen bringt (1.1.6.1):

Hoc igitur ius nostrum constat aut ex scripto aut sine scripto, ut apud Graecos: τῶν νόμων οἱ μὲν ἔγγραφοι, οἱ δὲ ἄγραφοι.

Denn dieser offensichtlich aus dem rhetorisch-philosophischen Schrifttum stammende Ansatz[21] ist wenigstens nach dem Digestentext nicht weiter durchgeführt; außerdem bedürfte das Verhältnis des *ius sine scripto* zum Gewohnheitsrecht einer eigenen Abhandlung[22].

Von den Rechtsquellenkatalogen, mit denen wir uns hier zu beschäftigen haben, finden sich zwei in Einführungswerken, den Institutionen des Gaius (1.1 ff.) und dem Encheiridion des Pomponius (1.2.2.12), der dritte in den Definitiones Papinians (1.1.7), einem Werk, das dem Typus der Einführung in das Recht vielleicht nicht allzu fern steht[23]. Die großen Kommentare und Fallsammlungen setzen eine diesen Katalogen entsprechende oder wenigstens ähnliche Auffassung von den Rechtsquellen voraus, formulieren sie aber anscheinend nicht ausdrücklich. Das entspricht dem vorwiegend praktischen Charakter dieser Werke; eine

---

20 Zum Verhältnis des Frag.Dos. zu Gaius vgl. nur Honoré, RIDA 3. S. 12, 1965, 301 ff. Nur hinzuweisen ist auf den Ansatz zu einem Katalog in Paul. 5.1.12.1; dort werden als Basis für die Kompetenz zur *datio iudicis lex, constitutio, senatusconsultum* (ähnlich Pedius bei Ulp. 39.1.5.9) und anhangsweise *mos* genannt. Eine Überarbeitung der Stelle ist nicht ganz auszuschließen; s. nur Kaser, Röm. Zivilprozeß, 1966, 362 A. 9.

21 Vgl. nur Arist. Rhet. I 13, 1373b.

22 Vgl. einstweilen Nörr, Festschrift Felgenträger, 353 ff. und die Lit. bei Schmiedel a.a.O. 12 ff. Für unser Thema ist nur bemerkenswert, daß hier der Ansatz zu einer *divisio* vorliegt.

23 S. nur Schulz a.a.O. 209 ff.; vgl. auch Wieacker, Textstufen klassischer Juristen, 1960, 373 ff. und Archi, SZ 87, 1970, 30 f. – Die (spärlichen) Reste des Kommentars des Laelius Felix zum ersten (?) Buch des *ius civile* des Q. Mucius Scaevola könnten dazu verführen, für das Werk des Mucius Ausführungen zur Rechtsquellenlehre zu vermuten. Denn Laelius Felix behandelt hier anscheinend ausführlich die Kompetenzen der verschiedenen Volksversammlungen (Gell. 15.27). Doch dürfte Q. Mucius Scaevola im ersten Buche – von dem kein sicheres Fragment überliefert ist – das Testament behandelt haben (s. nur Buch 1 und 2 ad Q. Mucium des Pomponius (Lenel, Palingenesie II, 60 f.)). Daher liegt die Verbindung mit dem *testamentum calatis comitiis* näher.

theoretische, nicht auf den Fall zugeschnittene Aufzählung der Rechtsquellen ist in ihnen nicht zu erwarten.

Die hier zu erörternden Texte lauten: Pomponius (1.2.2.12)[24]:

Ita in civitate nostra aut iure, id est lege, constituitur, aut est proprium ius civile, quod sine scripto in sola prudentium interpretatione consistit, aut sunt legis actiones, quae formam agendi continent, aut plebi scitum, quod sine auctoritate patrum est constitutum, aut est magistratuum edictum, unde ius honorarium nascitur, aut senatus consultum, quod solum senatu constituente inducitur sine lege, aut est principalis constitutio, id est ut quod ipse princeps constituit pro lege servetur.

Gai. Inst. (1.1. f.): ... *Populus itaque Romanus partim suo proprio, partim communi omnium hominum iure utitur. Quae singula sint, suis locis proponemus. Constant autem iura populi Romani ex legibus, plebiscitis, senatusconsultis, constitutionibus principum, edictis eorum qui ius edicendi habent, responsis prudentium.*

Pap. (1.1.7): *Ius autem civile est, quod ex legibus, plebis scitis, senatus consultis, decretis principum, auctoritate prudentium venit. Ius praetorium est, quod praetores introduxerunt adiuvandi vel supplendi vel corrigendi iuris civilis gratia propter utilitatem publicam....*

Die Varianten innerhalb dieser Kataloge[25] sind für unsere Fragestellung von sekundärem Interesse. So eröffnet Gaius seine Darstellung mit der Einteilung (*divisio*) des gesamten Rechts in das *ius civile* und das *ius gentium.* Diese Einteilung gilt nach ihm auch für das römische Recht. Bei der Darstellung des römischen Rechts nimmt er als Oberbegriff die *iura populi Romani* und kommt

24 Pomp. 1.2.2.3 und 5 ist zwar für die Lehre vom Gewohnheitsrecht bedeutsam (vgl. nur Schmiedel a.a.O. 10 ff., 14 (mit Lit.), dem ich allerdings nicht überall folgen kann), vermag aber zur Interpretation der Rechtsquellenkataloge – soweit sie uns hier interessiert – wenig beizutragen. Vgl. aber immerhin den Ausdruck „*partes iuris*" in 2.5.

25 Zu ihnen allgemein außer der von Schmiedel a.a.O. 4 ff. zitierten Lit. etwa Scherillo, I cataloghi delle fonti di diritto . . ., Rend. Ist. Lomb. 1931; Mette a.a.O. 45 ff.; Kaser SZ 59, 64 ff.; Lauria, Ius, 1962², 152 ff. passim; L. Lombardi, Saggio . . ., 1967, 5 ff. passim; zu Gaius s. Honoré, Gaius, 1962, 119 ff.; Horvat in „Gaius nel suo tempo", 1966, 35 ff.; zu Pomponius s. Bretone, Labeo 11, 1965, 11 ff.; Archi a.a.O. 14 ff.; Kaser, Lex und ius civile, Deutsche Landesreferate zum 7. Intern. Kongr. f. Rechtsvergleichung 1966, 5 ff.

damit zu dem klarsten Katalog (*partitio*) unter seinen Konkurrenten[26]. Papinian[27] stellt nach dem überlieferten Text *ius civile* und *ius honorarium* ohne gemeinsamen Oberbegriff nebeneinander (*divisio*) und ordnet dem *ius civile* die übrigen Rechtsquellen unter (*partitio*). Für Pomponius scheint *ius* der Oberbegriff zu sein[28]; im übrigen ergeben sich Unterschiede zu den anderen Katalogen aus zwei Gründen: einmal bildet er die Kategorie des *proprium ius civile*, das dem Juristenrecht entspricht; zum anderen kontaminiert er – einem häufiger festzustellenden antiken Denkansatz gemäß[29] – den historischen und den systematischen Ansatz und sieht sich deshalb gezwungen, die *legis actiones* als eigene Rechtsquellen zu nennen[30]. Wichtiger als die Varianten sind für uns die Parallelitäten innerhalb der Kataloge. Sie bestehen darin, daß als *partes iuris* (s. Pomp. 1.2.2.5) überall die Volksgesetze, Plebiszite, Senatusconsulta, Kaiserkonstitutionen, Edikte der Magistrate und das Juristenrecht erscheinen, an keiner Stelle aber das Gewohnheitsrecht (*mos, mores* oder *consuetudo*).

---

26 Ob man die in Gai. 1.1 (*Omnes populi qui legibus et moribus reguntur, partem suo proprio, partem communi omnium hominum iure utuntur.*) genannten *leges et mores* ihrerseits als Oberbegriff für die *iura* der verschiedenen Völker ansehen soll, ist zweifelhaft. Immerhin ist darauf hinzuweisen, daß schon dieser Satz es nahelegt, daß Gaius die Qualifizierung der *mores* (ἔϑη) als Rechtsquelle wenigstens nicht ausschließt. Vgl. zum Text auch Maschi, Dir. Rom. I (Prospett. storica), 1966, 163 ff. – Nach Ulp. 24.1.3.1 gehören zu den *mores legesque* der Römer auch Senatsbeschlüsse und Konstitutionen. Zum literarischen Sprachgebrauch der Severerzeit vgl. auch die Bezeichnung eines SC als *δόγμα, ψήφισμα* und *νόμος* durch Cass. Dio 75, 21 f.

27 Vgl. zum Text auch Ehrlich, Grundlegung der Soziologie des Rechts, 1913, 354. Hinter dieser Einteilung dürfte das hier nicht weiter interessierende Problem der Entwicklung des praetorischen Rechts zu einer eigenen Rechtsmasse und dasjenige der Zuordnung der neuen Rechtsquellen zum *ius civile* stehen. Zu diesen Fragen wohl immer noch am besten Wlassak, Krit. Studien zur Theorie der Rechtsquellen, 1884.

28 wenn man der recht einleuchtenden Emendation Scialojas in der Mailänder Digestenausgabe folgt: *aut est ius, quod lege constituitur* . . .; ebenso Bretone a.a.O. 13.

29 Eine Parallele findet sich etwa bei Cic. de invent. 2.22.65 ff. (s. unten bei Anm. 39). Wie einmal das Aristotelische Verfassungsschema mit seiner Verbindung des systematischen und historischen Aspektes, zum andern die zugleich genetische und ontologische Verwendung der Etymologien zeigen, handelt es sich hier um einen griechischen Import. Auch bei Polybios findet sich eine ähnliche Mischung genetischer und systematischer Elemente (s. nur Petzold, Gnomon 42, 1970, 388). Vielleicht läßt sich das – etwa mit Blick auf das geschichtsphilosophische System Hegels – dahingehend verallgemeinern, daß jede theoretische Verwendung historischer Erkenntnis notwendig eine solche Vermengung genetischer und systematischer Aspekte zur Folge hat. Vgl. zu diesen Fragen im übrigen auch Maschi a.a.O. 430 u. Bretone a.a.O.

30 Vgl. das Schema des *ius tripertitum* des Sextus Aelius. Zum Katalog des Pomponius, vor allem zur Erwähnung der *legis actiones*, s. jetzt auch M. Fuhrmann, Symp. Wieacker, 1970, 103 ff. mit Lit.

Beschränkte man sich auf die Rechtsquellenkataloge, so läge es nahe, den römischen Juristen in der Tat die Erfassung des Gewohnheitsrechts als besonderer Rechtsquelle abzusprechen. Zu diesem Ergebnis konnte man nur deshalb kommen, weil man Zeugnisse für das Gewohnheitsrecht außerhalb der Kataloge übersah oder als unerheblich bewertete. Solche Zeugnisse finden sich in der philosophisch-rhetorischen Literatur, in Gesetzen (i.w.S.) und in den Juristenschriften selbst. Diesen Zeugnissen wollen wir uns im folgenden zuwenden.

IV. Kataloge in den rhetorischen Schriften

Soweit (philosophisch-)rhetorische Schriften der lateinischen Literatur die Rechtsquellen und unter ihnen auch das Gewohnheitsrecht erörtern, sind sie sicherlich teilweise von griechischen Vorbildern abhängig. Immerhin wird gerade die Rechtsquellenlehre auch an Hand von Beispielen erörtert, die deutlich römische Verhältnisse voraussetzen. Die frühesten ausgearbeiteten Kataloge finden sich in der späten Republik, vor allem in den Schriften Ciceros[31]. Diese Kataloge geben sicher manche noch nicht vollständig gelösten Fragen auf. Was ihre Herkunft betrifft, so ist es etwa problematisch, welche Beiträge die einzelnen Philosophenschulen (vor allem die Peripatetiker[32] und die Stoiker[33]) zu ihrer Ausstattung geliefert haben. Zu untersuchen wäre auch, wie weit Cicero – sei es als Kenner des römischen Rechts[34], sei es als weiter denkender Fortsetzer griechischer Gedanken – eigenes zu ihnen beigetragen hat. Daß er die Kataloge zumindest teilweise in die römische Umgebung übersetzt hat, zeigen die in ihnen genannten römischen Institutionen[35]. Schließlich bedarf auch die Interpretation der verschiedenen in den Katalogen auftretenden Begriffe wie *natura, aequitas, mos maiorum* etc. ständiger Revision. Hier soll auf die Kataloge

---

31 Vgl. zur Lehre von den Rechtsquellen bei Cicero nur Costa, Cicerone Giureconsulto, 1927², 35 f.; Pallasse, Cicéron et les sources du droit, Ann. Univ. Lyon 1945 (nicht gesehen); Michel, Rhétorique et Philosophie chez Cicéron, 1960, 518 ff.; Mette a.a.O. 45 ff.; Kaser SZ 59, 1939, 94 ff.; Schmiedel a.a.O. 15 ff.; zur *aequitas* im besonderen zuletzt Riposati, Studi Biondi II, 447 ff.; Ciulei, RHD 46, 1968, 639 ff. – Eine eingehende Auseinandersetzung mit den rhetorischen Rechtsquellenkatalogen bietet jetzt auch Crifò, BIDR 71, 1968 (ersch. 1970), 80 ff. Allerdings scheint mir seine im übrigen ausgezeichnete Darstellung darunter zu leiden, daß er den Unterschied von *divisio* und *partitio* bei der Beurteilung der Rechtsquellenkataloge nicht ausreichend beachtet. – Wesentlich ist, daß – mit moderner Terminologie – zwischen „Rechtsquellen", die objektives Recht enthalten, und denjenigen, die Recht zwischen bestimmten Partnern erzeugen, nicht unbedingt unterschieden wird.

32 S. nur Arist. Rhet. I 10, 1368 b; 13, 1373 b.

33 Vgl. nur StVF III 308 ff., sowie etwa noch Hierokles von Alexandria (2. Jahrh. n.Chr.) bei Stob. flor. 39, 36. Allerdings gibt es ausgebaute Kataloge nicht. Vgl. etwa den Ansatz bei Cic. de off. 3.15.63: *Hecatonem quidem Rhodium, discipulum Panaetii, video in iis libris, quos de officio scripsit Qu. Tuberoni, dicere sapientis nihil contra mores, leges, instituta facientem habere rationem rei familiaris.*

34 Zur kaum global zu entscheidenden Frage, ob man Cicero als Juristen bezeichnen kann, s. nur da Nobrega, Romanitas 3, 1961, 249 ff.; Broggini, Coniectanea, 1966, 305 ff.; Wieacker, Cicero als Advokat, 1965; Arangio-Ruiz in L. Alfonso u.a., Marco Tullio Cicerone, 1961, 187 ff. Vgl. auch seine Selbsteinschätzung in de leg. 1.3. 10 ff. Zur Rechtsauffassung Ciceros allgemein vergl. nur die Einleitung zur spanischen Ausgabe der „Gesetze" von d'Ors, 18 ff. (M. Tullius Cicero, Las Leyes, 1953).

35 Vgl. nur de inv. 2.22.65 ff.; part. orat. 37.129 f.

nur insoweit eingegangen werden, als es für das Verständnis der juristischen Kataloge unbedingt notwendig ist.

Bei den Katalogen können wir zwei Grundformen unterscheiden; die einen dienen dazu, „Wesen und System“[36] des Rechts zu erhellen, bei den anderen geht es um die Aufzählung der Bestandteile des Rechts. Wir wollen die ersten „systematische Kataloge“ nennen, die zweiten „empirische“. Dieser Gegensatz ist nicht identisch mit dem Gegensatz von Theorie und Praxis; denn auch die systematischen Kataloge, die uns weitgehend in den rhetorischen Schriften überliefert sind, dienen der praktischen Tätigkeit des Rhetors. Dabei mag hier noch dahinstehen, an welche Art von Katalogen Cicero dachte, als er – in der Maske des Crassus – die Konstituierung des *ius civile* als *ars* durch die Festlegung von *genera* und *partes* verlangte[37].

Der „systematische“ Katalog findet sich etwa in einfachster Form in den Topica Ciceros (7.31):[38] ... *Formae sunt* [*igitur*] *eae in quas genus sine ullius praetermissione dividitur; ut si quis ius in legem morem aequitatem dividat*. . . .

Sehr viel ausführlicher und das tief gegründete stoische Interesse an Auf- und Unterteilung der Begriffswelt verratend[39] ist Cic. de inv. 2. 22, 65 ff.:

Nunc huius generis praecepta videamus. Utrisque aut etiam omnibus, si plures ambigent, ius ex quibus rebus constet, considerandum est. Initium ergo eius ab natura ductum videtur; quaedam autem ex utilitatis ratione aut perspicua nobis aut obscura in consuetudinem venisse; post autem approbata quaedam a consuetudine aut vero utilia visa legibus esse firmata; ac naturae quidem ius esse, quod nobis non opinio, sed quaedam innata vis adferat, ut religionem, pietatem, gratiam, vindicationem, observantiam, veritatem. ... Consuetudine autem ius esse putatur id quod voluntate omnium sine lege vetustas comprobarit. In ea autem quaedam sunt iura ipsa iam certa propter vetustatem. Quo in genere et alia sunt multa et eorum multo maxima pars quae praetores edicere consuerunt. Quaedam autem genera iuris iam certa consuetudine facta sunt; quod genus pactum, par, iudicatum. Pactum est quod inter quos convenit ita iustum putatur ut iure praestare dicatur. Par, quod in omnes aequabile est. Iudicatum, de quo iam ante sententia alicuius aut aliquorum constitutum est. Iam iura legitima ex legibus cognosci oportebit. . . .

---

36 Vgl. auch die Worte des Atticus bei Cic. de leg. 1.5.17: *Non ergo a praetoris edicto, ut plerique nunc, neque a XII tabulis, ut superiores, sed penitus ex intima philosophia hauriendam iuris disciplinam putas.*

37 S. nur Cic. de orat. 1.42.187 ff.; dazu für alle Villey a.a.O. und unten IX bei Anm. 167.

38 Ähnlich auch der auct. ad Herr. 2.12.18; s. im übrigen auch Cic. top. 23.90; Quint. Inst. 5.10.13.

39 S. nur Prantl, Geschichte der Logik, Neudruck 1927, 422.

Cicero bringt hier im Rahmen der Erörterung der ***pars negotialis*** des ***status qualitatis,*** bei der es um die rechtliche Beurteilung geht[40], eine schon an sich komplizierte philosophische Einteilung des Rechts, die durch die Vermengung der historischen und der systematischen Betrachtungsweise noch komplizierter wird[41]. Nach Cicero ist der Anfang des Rechts in der Natur zu finden; ihr folgt die *consuetudo*[42] und schließlich die *lex*, die teils der Unterstützung der *consuetudo*, teils der Schaffung neuer Normen dient. Die historische Einteilung *natura–consuetudo–lex* wird auch als systematische Einteilung verwandt. Zur *natura* gehören *religio, pietas, gratia, vindicatio, observantia, veritas.* Die Einteilung der *consuetudo* ist unsicher; Cicero nennt das Edikt[43] und die *genera pactum, par, iudicatum.* Aus den *leges* entstehen die nicht weiter aufgeteilten *iura legitima.* Vollständigkeit wird von Cicero hier anscheinend nicht erstrebt[44].

Auf eine Bewertung dieser und anderer Einteilungsversuche soll verzichtet werden. Für uns ist wichtig einmal der Bezug zum römischen Recht, zum anderen die zentrale Stellung, die in allen diesen Schemata eine *consuetudo* einnimmt, der man Rechtscharakter nicht absprechen kann[45].

Von den oben summarisch als empirisch gekennzeichneten Katalogen seien die Kataloge des auctor ad Herr. (2.13.19) und Ciceros (top. 5.28) erwähnt[46]. Der auctor ad Herr. zählt folgende Teile des Rechts auf: *natura, lex, consuetudo, iudicatum, aequum et bonum, pactum.* Bei Cicero lautet die Reihe: *leges, senatus consulta, res iudicatae, iuris peritorum auctoritas, edicta magistratuum, mos, aequitas.*

---

40 S. Cic. de inv. 1.11.14; *negotialis, in qua, quid iuris ex civili more et aequitate sit, consideratur, cui diligentiae praeesse apud nos iureconsulti existimantur.* Vgl. nur Lausberg, Handbuch der literarischen Rhetorik, 1960, § 196. Andere hier nicht weiter zu erörternde Einteilungen ähnlicher Art finden sich etwa in de inv. 2.53.160 ff.; part. orat. 37.129 f. Etwas anders ist das für die Frage des *ius controversum* interessante Schema des Quintilian (inst. 12.3.6 f.) gestaltet.

41 Zu dem ähnlichen Problem bei Pomponius s. oben bei Anm. 29. Nicht nur der Kuriosität halber sei erwähnt, daß Cicero (part. orat. 37.130) in dem *praescriptum* des Naturrechts, *ut nostros mores legesque tueamur*, gleichsam die juristische „Meta-Norm“ entdeckt hat, die man mit der Kelsen'schen Grundnorm vergleichen könnte.

42 Zu den Worten: *ex utilitatis ratione aut perspicua nobis aut obscura* s. Jul. 1.3.20.

43 Die Zurückführung von honorarrechtlichen Instituten auf den *mos* findet sich auch bei den Juristen (PS 5.4.7; dazu Liebs, Index 1, 1970, 151 f.).

44 Nur beiläufig ist darauf hinzuweisen, daß Cicero bei seiner Erörterung vom Schema der *divisio* auf das Schema der *partitio* überspringt.

45 Darauf verweist auch besonders Crifò a.a.O. 93; dort auch (99) zu Cic. de or. 1.34.159.

46 Dazu eigenartig Ehrlich, Theorie der Rechtsquellen 1902, 81 f., 247 ff. – Vgl. im übrigen auch die Reihe: *ius, consuetudo, aequitas, edicta* bei Cic. in Verr. II 1.45.116.

Ohne hier auf das Problem der Vollständigkeit der Reihen einzugehen, ist zu bemerken, daß sie ihrem empirischen Charakter gemäß eher noch stärker von der römischen Rechtsordnung abhängen als die oben als systematisch qualifizierten Einteilungen des Rechts. Das bedarf bei der Aufzählung Ciceros keiner weiteren Begründung, während es sich bei dem auctor ad Herr. wenigstens der Tendenz nach aus den in 2.13.19 f. aufgeführten Beispielen ergibt. So nennt er als Beispiel für die gewohnheitsrechtliche Entstehung eines – wohl (auch) römischen[46a] – Rechtssatzes die Gesamthaftung der *argentarii:* ... *Consuetudine ius est id, quod sine lege aeque, ac si legitimum sit, usitatum est; quod genus, id quod argentario tuleris expensum, ab socio eius recte repetere possis.* ...

Dem Reihungsprinzip nach, nicht nach ihrem Inhalt sind diese Aufzählungen mit den Ansätzen zu Rechtsquellenkatalogen in den republikanischen Gesetzen vergleichbar[47]. Bei diesem stark römischen Einschlag ist es auch hier bemerkenswert, daß sowohl im Katalog des auctor ad Herr. als auch bei Cicero das Gewohnheitsrecht als Teil der Gesamtrechtsordnung genannt wird.

Abschließend ist also festzuhalten, daß sowohl in den systematischen als auch in den empirischen Katalogen, die beide (zumindest teilweise) die römische Rechtsordnung widerspiegeln, das Gewohnheitsrecht erscheint. Es ist für unsere Zwecke unwesentlich, daß der Umfang der vom Gewohnheitsrecht erfaßten Institutionen in beiden Fällen verschieden sein konnte[48]. Allerdings sind die Konsequenzen, die man daraus für eine juristische Konzeption des Gewohnheitsrechts ziehen könnte, nicht allzu weittragend. Die philosophisch-rhetorischen Texte beweisen nur, daß für den kultivierten Römer die Gewohnheit eine Rechtsquelle sein konnte. Sie beweisen aber nicht, daß die römischen Juristen dieser Auffassung in ihrer Rechtsquellenlehre folgten. Es wäre nicht undenkbar, daß sie ihr allenfalls einen Bildungswert, nicht aber juristische Relevanz zuschrieben. Doch sprechen gegen eine solche Interpretation juristische Texte, die im folgenden zu erörtern sind.

46a Vgl. zum Problem Pap. 45.2.9 pr; Ulp. 17.2.52.5.

47 S.o. II.

48 Vgl. nur Cic. de inv. 2.22.65 ff. mit top. 5.28. An der erstgenannten Stelle erscheinen *edicta, res iudicata*, vielleicht auch die *aequitas* als Teile der *consuetudo*, an der zweiten Stelle dagegen als selbständige Rechtsquellen.

V. Das Auftreten des Gewohnheitsrechts in der römischen Gesetzgebung (i.w.S.)

Wir haben bereits (s. II.) auf einige Ansätze zu Rechtsquellenkatalogen in der römischen Gesetzgebung hingewiesen, in denen das Gewohnheitsrecht nicht auftritt. Für sie war charakteristisch, daß sie die römische Rechtsordnung, sei es in vollem Umfange, sei es teilweise, zu umschreiben suchten. Ihnen stehen andere Gesetzgebungsakte (i.w.S.) – teilweise auch aus republikanischer Zeit – gegenüber, in denen es um peregrine oder provinziale Rechtsverhältnisse geht. In ihnen wird das Gewohnheitsrecht als Rechtsquelle dem Gesetz gleichgestellt[49]. Beide Quellengruppen kommen auch als Anreger für die philosophisch-rhetorischen Kataloge in Betracht.

An erster Stelle ist hier die *lex Antonia de Termessibus* vom Jahre 71 v.Chr. (FIRA I Leges Nr. 11) col. II Z. 18 ff. zu nennen, die eine Rechtsgarantie zugunsten der Einwohner von Termessus Maior in Pisidien enthält: *Quae leges quodque ious quaeque consuetudo L. Marcio Sex. Iulio cos. inter ciueis Romanos et Termenses fuit, eaedem leges eidemque ious eademque consuetudo inter ceiues Romanos et Termenses maiores Pisidas esto.*

Die Nebenordnung von *leges, ius* und *consuetudo* läßt mit großer Wahrscheinlichkeit den Rechtscharakter der *consuetudo* vermuten.

Ähnliches gilt von dem in einer *epistula* eines Prokonsuls augusteischer Zeit zitierten SC für Chios vom Jahre 80 v.Chr.[50]: *Ἡ σύγκλητος εἰδικῶς ἐβεβαίωσεν ὅπως νόμοις τε καὶ ἔθεσιν καὶ δικαίοις χρῶνται, ἃ ἔσχον ὅτε τῇ Ῥωμαίων φιλίᾳ προσῆλθον*.

Schließlich dürfte sich eine ähnliche Formel auch in dem SC für Stratonikeia vom Jahre 81 v.Chr. gefunden haben[51]:

[δικαίοις κ]αὶ νόμοις καὶ ἐθισμ[οῖς τοῖς ἰδίοις οἷς ἐχρῶντο ἐπάν]ω ὅπως χρῶνται.

Bekanntlich war die Erkenntnis fremder Rechtsinstitutionen für die Römer einer der Anlässe, die Kategorie des Gewohnheitsrechts zu bilden. Trotzdem dürfte es sich – wie schon der formelhafte Charakter der Wendungen in den genannten Gesetzen (i.w.S.) zeigt – um eine römische Begriffsbildung handeln, für die sich anscheinend in den hellenistischen Rechtsakten keine direkte Entsprechung

---

49 S. zu ihnen Broggini, Ius et Lex (Festg. Gutzwiller, 1959), 26 ff.; D. Nörr, SZ 84, 1967, 459.

50 CIGr 2 nr. 2222; Sherk, Roman Documents from the Greek East, 1969, Nr. 70 Z. 14 ff.; s. auch Broggini a.a.O. mit weiteren Nachweisen.

51 Sherk a.a.O. Nr. 18 Z. 49 f.

findet[52]. Daraus ergibt sich aber mit großer Sicherheit, daß den Römern bereits in republikanischer Zeit die Kategorie „Gewohnheitsrecht" bekannt war. Allerdings folgt daraus nicht ohne weiteres, daß sie diese Kategorie auch auf ihre eigene Rechtsordnung sofort angewandt haben.

Haben wir in den republikanischen Rechtssetzungsakten den „Rechtscharakter" des Gewohnheitsrechts aus der Nebeneinanderstellung von *lex*, *ius* und *consuetudo* erschlossen, so finden sich ausdrückliche, wenn auch nicht unkritische Hinweise auf die mögliche Rechtsnatur des Gewohnheitsrechts – außerhalb der philosophisch-rhetorischen Literatur – erstmals in kaiserlichen *epistulae*, die sich mit römischem Provinzialrecht befassen. In der epistula Domitians über den *cursus publicus* Z. 14 ff. wird die Neigung der Gewohnheit, zum Gesetz zu werden, erwähnt[53]: ··· *μένει γὰρ μέχρι νῦν παλαι⟨ὰ⟩ καὶ εὔτονος συνήθεια, κατ' ὀλίγον χωροῦσα εἰς νόμον, εἰ μὴ ἰσχύε[ιν] κωλυθείη δυνάμει.* ·

Sicherlich könnte man hier einwenden, daß der Kaiser gerade die Gesetzeskraft der Gewohnheit abzuwehren sucht, ihre offizielle Anerkennung als Gewohnheits-r e c h t also noch aussteht. Demgegenüber ist aber zu betonen, daß die Kritik am Gewohnheitsrecht eher resignative Züge trägt, so daß zwar noch nicht der systematische Einbau der Gewohnheit als Rechtsquelle, doch ihre (topische) Berücksichtigung je nach Sachlage angedeutet wird. Ein Beleg für die Durchsetzungskraft einer solchen „schlechten Gewohnheit" ist das spätklassische frag. de iure fisci 8, wo es über die Erstreckung der Regeln zur *res litigiosa* auf Provinzialgrundstücke heißt: ... *Sed hoc* ... *prava consuetudine optinuit*[53a].

---

52 Modrzejewski, American Studies in Papyrology I (Essays C.B. Welles), 1966, 155; danach taucht die Formel *τῷ* ··· *νόμῳ ἢ ἐθισμῷ* erstmals in einer Parachoresis-Urkunde (BGU 1127 Z. 21 f.) vom Jahre 18 v.Chr. auf. S. auch H. Schmidt, Staatsverträge des Altertums III, 1969: in Nr. 548 (Polyb. XV 18.1) findet sich die Klausel *ἔθεσι καὶ νόμοις χρῆσθαι* charakteristischerweise in dem Friedensvorschlag Scipios v. 202. Die kürzere Formel *χρῆσθαι τοῖς* ··· *νόμοις* erscheint in dem Bericht des Polybios (Nr. 528; VII 9.5) über den Vertrag zwischen Philipp V. und Hannibal, sowie im Ineditum Vaticanum (s. Nr. 467, Hermes 27, 1892, 120: Verhandlungen zwischen Rom und Pyrrhus). Sie ist griechischer Herkunft; vgl. die Beispiele bei Frezza, BIDR 71, 1968, 3, 15 des S.-A. (s. nur Andoc., de myst. 85). Allgemein zur Technizität der ins Griechische übersetzten römischen Ausdrücke auch Velsen, SZ 21, 1900, 123 A. 2 unter Verweis auf Mommsen und Mitteis. Zum Wortgebrauch von *ἔθος* und *ἐθισμός* vgl. jetzt H.-D. Schmitz, Τὸ ἔθος und verwandte Begriffe in den Papyri, Diss. Köln 1970.

53 SEG 17, 1960, Nr. 755; vgl. auch die Wiedergabe (mit Kommentar und Literaturhinweisen) bei Lewis, RIDA 3. S. 15, 1968, 135 ff., sowie Modrzejewski a.a.O. (A.2) § 29 (S. 417 f.).

53a Vgl. hierzu F. De Marini Avonzo, I limiti alla disponibilità della res litigiosa, 1967, 317 ff.

Ähnliches gilt auch für die Diskussion der rechtlichen Bedeutung der *consuetudo* im Briefwechsel zwischen Plinius und Trajan (ep. 10.114 f.)[54]. Entgegen einer seit langer Zeit nicht mehr angewandten Bestimmung der *lex Pompeia* waren dazu nicht legitimierte Personen als Bouleuten in die Ratsversammlungen der bithynischen Städte aufgenommen worden. Trajan entscheidet den Streit zwischen der *legis auctoritas* und der *longa consuetudo usurpata contra legem* dahin, daß für die Vergangenheit die *consuetudo* gilt, während in Zukunft wieder die *lex Pompeia* zu beachten ist (ep. 10.115):

Merito haesisti, Secunde carissime, quid a te rescribi oporteret censoribus consulentibus, an (manere deberent) in senatu aliarum civitatium, eiusdem tamen provinciae, cives. nam et legis auctoritas et longa consuetudo usurpata contra legem in diversum movere te potuit. mihi hoc temperamentum eius placuit, ut ex praeterito nihil novaremus, sed manerent quamvis contra legem adsciti quarumque civitatium cives, in futurum autem lex Pompeia observaretur; cuius vim si retro quoque velimus custodire, multa necesse est perturbari.

Beide *epistulae* tragen stark rhetorische Züge[55]. So ist es vielleicht kein Zufall, daß ähnliche Töne in Reden anklingen, die Tacitus aus der Zeit des Kaisers Claudius überliefert[56]. Dabei ist es hier von sekundärem Interesse, ob er in ihnen Gedanken seiner Zeit oder der Mitte des 1. Jahrh. n.Chr. formuliert[57]. Doch folgt aus alldem nicht, daß diese *epistulae* nur die rhetorische, nicht aber die juristische Rechtsquellenlehre wiedergeben. Sicherlich ist es möglich, daß die Kanzlei ab *epistulis* (vor allem ab *epistulis graecis*) häufig eher mit rheto-

---

54 S. Nörr, Festschrift Felgenträger, 360 f.; ders., Die Entstehung der longi temporis praescriptio, 65 ff. mit Lit.

55 So erinnert der Text der *epistula* Domitians – allerdings mit umgekehrter Blickrichtung – an Cic. de inv. 2.22.65: . . . *Initium ergo eius (sc. iuris) ab natura ductum videtur; quaedam autem ex utilitatis ratione aut perspicua nobis aut obscura in consuetudinem venisse; post autem approbata quaedam a consuetudine aut a vero utilia visa legibus esse firmata;* . . . Vgl. auch die griechische Übersetzung der „*inveterata et firma consuetudo*" in der ep. Domitians und Lakt. Div. inst. 5.6.10.

56 Tac. ann. 12.6.3 (Rede des Vitellius über die Eheschließung von Claudius und Agrippina): *morem accomodari, prout conducat, et fore hoc quoque in iis quae mox usurpentur.* – S. im übrigen auch 11.24.7 (Rede des Claudius über die Senatoren aus Gallien): *inveterascet hoc quoque, et quod hodie exemplis tuemur, inter exempla erit.* Vgl. auch Cass. Dio. Epit. 80.3.3, demzufolge manches von dem, was Elagabal gegen die überkommene Rechtsordnung festgesetzt hatte, inzwischen ihr Bestandteil geworden sei.

57 Tacitus hat bekanntlich die *acta senatus* benutzt; vgl. nur Syme, Tacitus, 1958, 320 passim. In der Lyoner Inschrift der Claudius-Rede (FIRA I, Leges, 43) findet sich allerdings nur eine geringfügige Anspielung auf den hier interessierenden Geedanken (s. I 1 ff.).

risch, als mit juristisch ausgebildeten Beamten besetzt war[58]. Doch trifft dieser Einwand nur die Entstehung, nicht aber die (juristische) Bedeutung der Lehre vom Gewohnheitsrecht. Sobald eine kaiserliche Behörde – aus welchen Gründen auch immer – sich mit der Rechtsnatur der Gewohnheit befaßte, konnte ihr Eindringen in die eigentlich juristische Literatur nur mehr eine Frage der Zeit sein.

58 Eine eingehende Untersuchung der *epistulae* und der Kanzlei ab *epistulis* wäre erwünscht. Material findet sich in der von Nörr a.a.O. 62 zitierten Lit., sowie bei Bowersock, Greek Sophists in the Roman Empire, 1969; Townend, Historia 10, 1961, 375; Pflaum, Carrières procuratoriennes III, 1961, 1020 f.

VI. Beispiele für die Erwähnung des Gewohnheitsrechts in den Juristenschriften

Es ist seit langem bekannt, daß in den Juristenschriften einige Institute des Privatrechts[59] auf diejenige Rechtsquelle zurückgeführt werden, die wir als Gewohnheitsrecht bezeichnet haben. Für eine eindringliche Analyse dieser Stellen ist hier nicht der Ort[60]. Alle diejenigen, die den römischen Juristen die Erkenntnis des Gewohnheitsrechts als Rechtsquelle absprachen, mußten hier mit radikalen Interpolationsannahmen oder mit Umdeutungen (in eine tatsächliche Übung oder in eine allgemeine unspezifizierte „Ordnung der Lebensverhältnisse") arbeiten. Was das erstere betrifft, so mag hier die Feststellung genügen, daß die schwer zu verdächtigenden Gaius-Stellen ein Indiz für die Echtheit auch der übrigen, meist spätklassischen Fragmente gibt. Was den Charakter als Rechtsquelle betrifft, so ist an unser Kriterium der Parallelisierung von *lex* und Gewohnheit zu erinnern. Sie findet sich in den beiden Gaiusstellen[61], sie findet sich bei Pomponius[62], sie findet sich schließlich auch bei Ulpian[63]. Es kann hier dahinstehen, ob die genannten Juristen vom historischen Standpunkt aus mit Recht die jeweils erwähnten Rechtsinstitute auf die Gewohnheit zurückführen.

---

59 Auf die häufige Zurückführung öffentlich-rechtlicher Einrichtungen auf den *mos maiorum* u.ä. sei hier nur pauschal hingewiesen; vgl. dazu jetzt Kunkel, Romanitas, XI/9, 1970, 357 ff. Ebensowenig kann hier auf die zentrale Julianstelle 1.3.32 eingegangen werden, die die Existenz des Gewohnheitsrechts voraussetzend seine Merkmale umschreibt. Zu ihr – außer der Lit. bei Schmiedel a.a.O. 42 ff. – Nörr, Festschrift Felgenträger, 356 ff.

60 Aus der reichen Lit. zum Gewohnheitsrecht in Rom sei vor allem die Darstellung von Pernice erwähnt (SZ 20, 1899, 143 ff.; 22, 1901, 661 ff.); vgl. im übrigen die Listen bei Kaser SZ 59, 1939, 87 ff.; Schiller, Virginia Law Review 24, 1938, 275 (in dem o.A. 14 genannten Sammelband auf S. 48). – Vgl. etwa Ulp. 28.6.2 pr; Ulp. 27.10.1 pr (s. auch PS 3.4a.7); Ulp. 29.2.8 pr; Ulp. 24.1.1; Paul. 23.2.39.1; Pomp. 23.2.8; Gai. 3.82; 4.26; zum Strafrecht vgl. etwa Macer 47.15.3 pr; Mod. 48.9.9 pr.

61 Gai. 3.82: *Sunt autem etiam alterius generis successiones, quae neque lege XII tabularum neque praetoris edicto, sed eo iure [quod] consensu receptum est introductae sunt.* – 4.26: *Per pignoris capionem lege agebatur de quibusdam rebus moribus, de quibusdam rebus lege.* Eine ähnliche Gegenüberstellung des *mos* und der XII Tafeln bringt Cic. de leg. 2.24.61; zur Stelle s. Mayer-Maly, SZ 78, 1961, 257 f.; *leges* und *desuetudo* werden auch in Gai. 1.111 parallelisiert.

62 Pomp. 23.2.8: *Libertinus libertinam matrem aut sororem uxorem ducere non potest, quia hoc ius moribus, non legibus introductum est.*

63 Ulp. 27.10.1 pr: *Lege duodecim tabularum prodigo interdicitur bonorum suorum administratio, quod moribus quidem ab initio introductum est.* ... – Wahrscheinlich liegt sie auch dem Macer-Fragment 47.15.3 pr. (dazu Levy SZ 53, 1933, 177 ff.; Wesenberg RE s.v. praevaricatio; Liebs, SZ 84, 1967, 127 f.) zugrunde.

Für unsere Frage ist allein wichtig, daß Gaius, Pomponius und Ulpian an diese historische Herkunft glaubten. Damit waren sie – in der Nachfolge Julians (1.3.32 pr) – davon überzeugt, daß es Gewohnheit gibt, die *pro lege custoditur*, daß das Gewohnheitsrecht somit auch für die römische Rechtsordnung eine Rechtsquelle darstellt.

Zusammenfassend ist festzustellen, daß die Rechtsquellenkataloge der Juristen nicht nur zu den philosophisch-rhetorischen Katalogen, sondern auch zu einzelnen Rechtssetzungsakten und zur Rechtsliteratur im übrigen im Widerspruch stehen. Methodische Anweisungen Ciceros in seinen Topica können helfen, diesen Widerspruch aufzulösen. Da sie nur auf dem Hintergrund der antiken Logik und Erkenntnistheorie verständlich sind, sind wir zugleich gezwungen, einige Aspekte der antiken Wissenschaftstheorie zu erörtern[64].

64 Eine gute Einführung in die (moderne) Wissenschaftstheorie für den Rechtshistoriker (und nicht nur für ihn) bei Horak, Rationes Decidendi I, 1969, 9 ff.

VII. *Divisio* und *partitio:* Wesen und Herkunft

Auszugehen ist von einigen Stellen der Schrift „Topica" Ciceros[65]. Sie ist bekanntlich dem Juristen Trebatius gewidmet. Cicero versucht in diesem Werke die Juristen davon zu überzeugen, daß die Lehre von den *loci (topoi)*, aus denen man *argumenta* gewinnen könne, für die Jurisprudenz nützlich sei. Bei der Abfassung des Werkes ist Cicero von der Tradition abhängig, die zwar auf die aristotelische Topik zurückgeführt werden kann, aber auch andere Elemente (akademischer und stoischer Provenienz) in sich aufgenommen hat[66]. Die Erörterung des *topos* „Definition" führt Cicero (5.28 ff.) zu den beiden Grundformen der *diairesis*, der Teilung, zur *partitio (merismos)* und *divisio (diairesis* i.e.S.). Die Stelle sei hier trotz ihrer Länge im wesentlichen wiedergegeben, da sie für die folgende Darstellung die Basis abgibt:

Atque etiam definitiones aliae sunt partitionum aliae divisionum; partitionum, cum res ea quae proposita est quasi in membra discerpitur, ut si quis ius civile dicat id esse quod in legibus, senatus consultis, rebus iudicatis, iuris peritorum auctoritate, edictis magistratuum, more, aequitate consistat. Divisionum autem definitio formas omnis complectitur quae sub eo genere sunt quod definitur hoc modo: Abalienatio est eius rei quae mancipi est aut traditio alteri nexu aut in iure cessio inter quos ea iure civili fieri possunt. ... Partitionum autem et divisionum genus quale esset ostendimus, sed quid inter se differant planius dicendum est. In partitione quasi membra sunt, ut corporis, caput, umeri, manus, latera, crura, pedes et cetera. In divisione formae, quas Graeci εἴδη vocant, nostri, si qui haec forte tractant, species appellant, non pessime id quidem sed inutiliter ad mutandos casus in dicendo. Nolim enim, ne si Latine quidem dici possit, specierum et speciebus dicere; et saepe his casibus utendum est; at formis et formarum velim. Cum autem utroque verbo idem significetur, commoditatem in dicendo non arbitror neglegendam. Genus et formam

---

65 Dazu allgemein Riposati, Studi sui Topica di Cicerone, 1947; Fuhrmann, Das systematische Lehrbuch, 161 f.; Carcaterra, Le definizioni ..., 77 ff.; Martini, Le definizioni ..., 37 ff.; Michel, Rhétorique ..., 486 ff.; Paladini in Alfonso u.a., Marco Tullio Cicerone, 1961, 151 ff.; F. Sturm, Abalienatio, 1957, 47 ff. Eine juristische Analyse einzelner Stellen der Topik unternimmt derzeit Crifò; vgl. nur Hommages M. Renard I, 1969, 280 ff.; Studi Esposito, 1970, 3 ff. (des S.-A.); BIDR 71, 1968, 80 ff., jeweils mit weiteren Angaben.

66 Die Frage ist sehr umstritten. Der Text folgt in etwa Fuhrmann a.a.O. 143, 161 f.; vgl. auch Kroll RE VII A 1, 1103; Riposati a.a.O. 27 ff. passim; Michel a.a.O. 189; Carcaterra a.a.O. 80; Schmidlin a.a.O. 198; Crifò, Hommages Renard, I 290 ff. mit weiterer Lit. Zur Frage der Nützlichkeit der aristotelischen Topik für die Jurisprudenz s. jetzt auch Blühdorn, T 37, 1970, 269 ff.

definiunt hoc modo: Genus est notio ad pluris differentias pertinens; forma est notio cuius differentia ad caput generis et quasi fontem referri potest ... Formae sunt igitur eae in quas genus sine ullius praetermissione dividitur; ut si quis ius in legem, morem, aequitatem dividat. Formas qui putat idem esse quod partis, confundit artem et similitudine quadam conturbatus non satis acute quae sunt secernenda distinguit. ... Partitione tum sic utendum est, nullam ut partem relinquas; ut, si partiri velis tutelas, inscienter facias, si ullam praetermittas. At si stipulationum aut iudiciorum formulas partiare, non est vitiosum in re infinita praetermittere aliquid. Quod idem in divisione vitiosum est. Formarum enim certus est numerus quae cuique generi subiciantur; partium distributio saepe est infinitior, tamquam rivorum a fonte diductio. ...

Cicero unterscheidet somit Definitionen durch *partitio* von Definitionen durch *divisio*. Bei den ersteren wird die Sache gleichsam in ihre Glieder (*membra*) aufgeteilt (Beispiele: der Mensch, der aus Körper, Haupt, Schultern etc., das *ius*, das aus Gesetzen, Senatsbeschlüssen, *res iudicatae*, der *auctoritas* der Juristen, den Edikten, dem *mos* und der *aequitas* besteht). Die *divisio* teilt die als *genus* aufgefaßte Sache in ihre Arten (*εἴδη, species, formae*). Beispiele: *Abalienatio* mit ihren *formae traditio nexu* und *in iure cessio*[67], *ius* mit seinen *formae lex, mos, aequitas*. Die *partitio* soll vollständig sein, wenn die Sache eine *res finita* ist (Beispiel: *tutela*); sie darf unvollständig sein, wenn sie eine *res infinita* ist (Beispiel: *stipulationum et iudiciorum formulae*). Die *divisio* muß vollständig sein, da jede Gattung nur eine bestimmte Zahl von Arten haben kann[68]. Die Konfusion beider Einteilungsschemata ist häufig, stellt aber nach Cicero einen Kunstfehler dar.

Es steht fest, daß Cicero bei der Erörterung des Unterschiedes von *partitio* und *divisio*[69] von der griechischen Philosophie und Rhetorik abhängig ist. Eine deutliche Parallele findet sich in der aristotelischen Rhetorik. Bei der Erörterung der Lehre von den Enthymemata, den rhetorischen Syllogismen, zählt Aristoteles die verschiedenen *topoi* auf, aus denen Argumente für solche Schlüsse entnommen werden können (Rhet. II 22, 1395 b). Von den hier interessierenden *topoi* nennt er die Definition (ὁρισμός, II 23, 1398 a), die *divisio* (διαίρεσις,

67 Dazu Sturm a.a.O. passim.

68 Ebenso Cic. de off. 1.3.10.

69 Zur Darstellung Ciceros vgl. etwa Villey, Recherches ..., 18,67; Michel a.a.O. 188 f.; La Pira, BIDR 44, 1936/7, 132 ff.; Martini a.a.O. 38; Carcaterra a.a.O. 99 ff.; Schmidlin a.a.O. 186 ff. Zur Monographie *de divisione* des Boethius vgl. G. Otte, Dialektik und Jurisprudenz, 1971, 18 ff. – Nur der Vollständigkeit halber sei erwähnt, daß *divisio* und *partitio* als Redeteile hier nicht interessieren (dazu etwa Leeman, Orationis Ratio, 1963, I 28). Zur Wortgeschichte vgl. M. Glück, Priscians Partitiones und ihre Stellung in der spätantiken Schule, 1967, 170 ff.

ebenda)[70] und die *partitio* (ἐκ τῶν μερῶν, ebenda 1399 a)[71]. Festzuhalten ist, daß Aristoteles – anders als Cicero – *divisio* und *partitio* nicht als Formen der Definition auffaßt.

Wenn somit Aristoteles die bei Cicero auftretenden *loci* auch kennt, so scheint er dem *topos* ἐκ τῶν μερῶν doch im wesentlichen Bedeutung nur innerhalb der Rhetorik zuzusprechen, während die *diairesis* auch in der Analytik[72] im Rahmen der Schluß und Definitionslehre erörtert wird. Weiterhin ist es charakteristisch, daß Aristoteles wohl eher die Tendenz hatte, *partitiones* zu vermeiden[73], daß er – wie gerade die Behandlung der *topoi* in der Rhetorik zeigt – nicht wie Cicero *divisio* und *partitio* einander gegenüberstellt, daß er schließlich auch für die *partitio* nicht den sie stärker hervorhebenden substantivischen Ausdruck *merismos* gebraucht. Sowohl die Anwendung des Terminus *merismos* als auch die Entgegensetzung von *diairesis* i.e.S.[74] und *merismos* dürfte erst ein Werk der stoischen Dialektik sein.

Stoischen Einfluß[75] auf die Entwicklung der Lehre von *μερισμός* läßt schon die Definition durch den Stoiker Krinis vermuten (bei Diog. Laert. VII 62; StVF III App. VII): *Μερισμὸς δέ ἐστι γένους εἰς τόπους κατάταξις, ὡς ὁ Κρῖνις· οἷον Τῶν ἀγαθῶν τὰ μέν ἐστι περὶ ψυχήν, τὰ δὲ περὶ σῶμα.*

Dem entspricht es, daß Diogenes Laertios den *merismos* bei der Darstellung der stoischen Philosophie erörtert. Wesentlicher für die dem *merismos* neu zuerkannte logische und erkenntnistheoretische Bedeutung ist es, daß er im Rahmen der zur Dialektik gehörenden Lexis-Lehre und zugleich in Gegenüberstellung mit anderen Formen der Diairesis behandelt wird. So findet er sich in dem zitierten Bericht des Diogenes Laertios über die stoische Dialektik nach der Erörterung von Begriffen wie Definition (ὅρος), Begriff (*ἐννόημα*), *species* und *genus, divisio*. Ähnliches gilt für die Darstellung des Sextus Empiricus (Pyrrh. Hyp. II 17 ff., 213 ff.), in der – wohl stoischer Gliederung entsprechend – die verschiedenen Formen der Diairesis nach der Erörterung des Beweises, des

70 *ἄλλος ἐκ διαιρέσεως, οἷον εἰ πάντες τριῶν ἕνεκεν ἀδικοῦσιν (ἢ τοῦδε γὰρ ἕνεκα ἢ τοῦδε ἢ τοῦδε), καὶ διὰ μὲν τὰ δύο ἀδύνατον, διὰ τὲ τὸ τρίτον οὐδ' αὐτοί φασιν.*

71 *ἄλλος ἐκ τῶν μερῶν, ὥσπερ ἐν τοῖς Τοπικοῖς ποία κίνησις ἡ ψυχή· ἥδε γὰρ ἢ ἥδε. παράδειγμα ἐκ τοῦ Σωκράτους τοῦ Θεοδέκτου· „εἰς ποῖον ἠσέβηκεν· τίνας θεῶν οὐ τετίμηκεν ὧν ἡ πόλις νομίζει“;*

72 Analyt. pr. I 31, 46a; Analyt. Post. II 5, 91b. – Zur Bedeutung der „Diairesis bei Aristoteles“ vgl. die Monographie von Fragstein, 1967, vor allem 78 ff. mit weiterer Lit. Zum Verhältnis von Logik und Rhetorik bei Aristoteles s. die Lit. bei Mac Call, Ancient Rhetorical Theories of Simile and Comparison, 1969, 24 A.2 (vgl. vor allem die Hinweise auf die Schriften von Solmsen).

73 Anders vielleicht seine Schüler; vgl. v. Fragstein a.a.O. 189.

74 Der Begriff *diairesis* wird auch als Oberbegriff für *divisio* und *partitio* verwendet; s. Sext. Emp. Pyrrh. Hyp. II.17.213.

75 S. auch Prantl, Geschichte der Logik I, 422 f.; Mette, Ius civile ..., 47.

Syllogismus, der Induktion und der Definition erscheinen. Dabei unterscheidet Sextus Empiricus – dem hier wohl stoisierenden Eklektiker Alkinous (2. Jahrh. nach Chr.) folgend – vier Formen der Diairesis: verschiedene Bedeutungen eines Wortes, *merismos*, Teilung in *genus* und *species*, Teilung der *species* in die Einzelfälle: *γίνεσθαι τοίνυν τὴν διαίρεσίν φασι τετραχῶς· ἢ γὰρ ὄνομα εἰς σημαινόμενα διαιρεῖσθαι ἢ ὅλον εἰς μέρη ἢ γένος εἰς εἴδη ἢ εἴδη εἰς τὰ καθ' ἕκαστον.*

Von diesen Formen haben – was die Logik betrifft – allein die beiden zuletzt genannten platonisch-aristotelische Herkunft. Die erste ist – wie in II 18, 214 weiter ausgeführt wird – eine semantische Diairese, die zweite der hier interessierende *merismos,* der jetzt ebenfalls dem *genus* Diairese zugeordnet wird[76].

Die Vorliebe der Stoa für die *partitio* wird schließlich noch durch die bekannte Tatsache bestätigt, daß die stoische Dialektik allgemein ein besonderes, fast exzessives Interesse an Einteilungen hatte[77]. Hierin scheint sie unmittelbar an die sokratisch-platonische Philosophie anzuknüpfen[78], während Aristoteles zwar viel mit Diairesen (i.e.S.) arbeitete, ihre erkenntnis-theoretische Bedeutung aber eher etwas geringer veranschlagt[79]. Von Chrysipp ist eine Reihe von Buchtiteln überliefert, aus denen sich eine besondere Beschäftigung mit der Diairesis ergibt[80]. Charakteristisch ist es, daß die – obwohl nur kursorische – Darstellung der stoischen Diairesis-Lehre durch Diogenes Laertios (VII 61) noch auf Sonderformen der Diairesis, die Antidiairesis und die Hypodiairesis, hinweist[81].

---

76 Weitere, noch reichhaltigere Listen aus späterer Zeit finden sich im Kategorienkommentar des Simplikios (ed. Kalbfleisch, 61 Z. 19 ff.; teilweise abgedruckt bei Mette a.a.O. 47) und bei einem späteren Grammatiker (Bekker, Anecd., 679; abgedruckt bei Prantl a.a.O. 423). – Zur Herkunft der semantischen Diairese (Prodikos) s. R. Pfeiffer, Gesch. d. klass. Philologie, 1970, 61 f.

77 Vgl. etwa den entsprechenden Tadel Ciceros (Tusc. 4.5.9); s. auch Gould, The Philosophy of Chrysippus, 1970, 185. – Letzte Konsequenz dieser diairetischen Sucht ist der berühmte *arbor Porphyrii*; vgl. nur Bocheński, Ancient Formal Logik, 1951, 155 f. Zur Bedeutung der Diairese in der nach-aristotelischen Rhetorik s. Mac Call a.a.O. 77; auch hier dürfte stoischer Einfluß maßgeblich sein. – Eingehend zur Einteilungslehre des Boethius und der Glossatoren jetzt G. Otte, Dialektik und Jurisprudenz, 1971, 73 ff.

78 Vgl. beispielsweise Platons Soph. 218 D ff.; s. auch Windelband-Goedeckemeyer, Geschichte der abendländischen Philosophie im Altertum, 1923^4, 226; zur Entwicklung der platonischen Diairese s. Stenzel, RE XIII 1, 991 ff. (1007 ff.) s.v. Logik.

79 S. nur Arist. An. pr. I 31, 46a; An. post. II 5, 91 b; s. auch die kritische Bemerkung Quintilians, inst. 5.11.30.

80 S. nur Diog. Laert., VII 199 f.; vgl. auch die Beispiele bei Prantl a.a.O. 422 ff. – Zur unterschiedlichen Bewertung der Dialektik durch Aristoteles und Chrysipp s. Gould, a.a.O. 66 ff.

81 Zu Vorläufern s. Prantl a.a.O. 15 f.

Sowohl das erste Auftreten des Ausdruckes und der Definition des Einteilungsschemas *merismos* als auch die Vorliebe der Stoiker für die *diairesis* generell sprechen somit dafür, daß die Entwicklung des *merismos* primär der Stoa zuzuschreiben ist. Bei dem großen Einfluß der Stoa[82] – sei es unmittelbar, sei es über die verschiedenen philosophischen Synkretismen[83] – ist es verständlich, daß die Einteilung in *μέρη* eines der üblichsten Schemata der antiken Wissenschaft wird, demgegenüber die *divisio* (i.e.S.) fast zurücktritt. Für den vielleicht wichtigsten Anwendungsbereich, die Einteilung der *artes*, findet sich reiches Material in dem bereits häufiger zitierten Werk von M. Fuhrmann über das „Systematische Lehrbuch" (s. nur 17, 30, 92 passim). Aus den *artes* seien hier beispielsweise Titel und einige kurze Sätze der Schrift Ciceros *de partitione oratoria* genannt (1.3 f.): *Quot in partes distribuenda est omnis doctrina dicendi? ... orationis quot sunt partes? ... Quaestio quasnam habet partes?* ...[84]. Doch kann die Geschichte des Systemgedankens in der antiken Wissenschaft unter dem Aspekt der Diairesis hier nicht näher erörtert werden. Ebensowenig ist hier darüber zu handeln, daß die Vorstellung der Teilung des *ὅλον* in seine *μέρη* der stoischen Ethik zugrunde liegt; denn die bekannte Lebensregel der Stoa, das *κατ' ἐμπειρίαν τῶν φύσει συμβαινόντων ζῆν*, baut darauf auf, daß die menschlichen *φύσεις* Teile (*μέρη*) der *φύσις τοῦ ὅλου* sind[85]. Vielmehr muß es genügen, einige Stellen anzugeben, in denen die antiken Autoren theoretisch über die Bedeutung des *merismos* handeln.

Im Anschluß an die oben zitierte Stelle über die verschiedenen Formen der Diairesis im allgemeinen bringt Sextus Empiricus eine ins einzelne gehende Darstellung. Was den *merismos* oder das Verhältnis des *ὅλον* zu seinen *μέρη* betrifft (Pyrrh. Hyp. II 19, 215 ff.), verweist er zuerst auf die Bedeutung dieser Gliederung für die Physik; in ihr wird etwa (adv. Phys. I 331 ff.) die Diskussion über die epikureische Atomlehre unter diesem Stichwort geführt[86]. Im folgenden beschäftigt er sich vor allem mit dem *merismos* der „Dekade" in die

82 Die Werke Chrysipps sind in den beiden ersten Jahrhunderten Schullektüre; s. Gould, The Philosophy of Chrysippus, 1970, 12 f.; s. auch Mau, Hermes 85, 1957, 150 passim.

83 Zur vereinheitlichten Logik der späteren Zeit s. nur J. Mau, Galen, Einführung in die Logik, 1960; ders. Hermes, 85, 157 (zu Galen).

84 Vgl. auch Quint. Inst. lib. 4, insbesondere 4. 5; zum *merismos* s. im übrigen die Belege im Thes. des Stephanus s.v.

85 Vgl. nur Chrysipp StVF III 4 (= Diog. Laert. VII 87); Sen. ep. 95.52 (nach Poseidonios?); Mark Aurel VIII 7.2 (dort auch zu den *μερισμοί*, aufgrund derer die Physis dem einzelnen das ihm Zukommende zuteilt) u.ö.; s. auch unten Anm. 91 und Gould a.a.O. 98. Selbstverständlich gab es auch hier unter den Stoikern gewisse Verschiedenheiten; vgl. Gould a.a.O. 93 ff.

86 Vgl. auch die physikalische Theorie der Stoa über das Verhältnis von *πᾶν* und *ὅλον*; StVF II 522 ff.

einzelnen Zahlen[87]. Wie die Mehrzahl der Autoren unterscheidet er also nicht den *merismos* von der Aufzählung, der ἀπαρίθμησις[88]. An anderen Stellen[89] werden von ihm die Satzteile als μέρη des Satzes behandelt. Schließlich findet sich auch bei ihm das uns bereits aus Cicero bekannte Beispiel des Menschen als eines ὅλον und seiner Körperteile als μέρη (adv. Phys. I 336 f.).

Mit den von Sextus Empiricus gegebenen Beispielen ist im wesentlichen der Bereich umschrieben, innerhalb dessen in der antiken Wissenschaft der *merismos (partitio)* – nicht praktisch verwendet, sondern – theoretisch erörtert wird. Es bleibt ein Einzelfall, wenn Quintilian (Inst. 5.10.63 f.) den Unterschied von *divisio* und *partitio* an Beispielen aus der Staatstheorie erläutert[90].

Allen diesen Beispielen ist es gemeinsam daß ein Ganzes in seine nicht notwendig gleichartigen Teile gegliedert wird. Wie für die *divisio* in *genus* und *species* die Existenz einer *differentia specifica* charakteristisch ist, so für die *partitio* die Existenz eines zusammengesetzten Ganzen, eines κοινὸν σύστημα[91], wie es Simplikios (a.a.O.) recht deutlich sagt. Daß die *partitio* im Gegensatz zur am Begriff orientierten, daher abstrakteren *divisio* stets konkreter, „körpernäher" ist, zeigt auch die oben (bei Anm. 75) erwähnte Definition des Krinis; er bestimmt den *merismos* als Ordnung nach Örtern (*topoi*) und gibt als Beispiel den Unterschied von Gütern (ἀγαθά) der Seele und des Körpers.

Nur der Vollständigkeit halber sei erwähnt, daß man vielleicht erst in der Spätzeit den *merismos* – einem aristotelischen Schema folgend[92] – danach einteilte, ob sich ὁμοιομέρη (Zerteilung eines Steines) oder ἀνομοιομέρη (Zerteilung des menschlichen Körpers) bilden[93].

---

87 S. auch adv. Phys. I 297 ff.; II 248 ff.

88 S. aber Herminos bei Simplikios a.a.O.; vgl. auch unten A. 91 zum κοινὸν σύστημα.

89 S. nur adv. Phys. I 350 f.; adv. Log. II 79 ff.; adv. Math. I 7, 155 ff.; 8, 159 ff.

90 . . . *divisione autem adiuvari finitionem docet, eamque differre a partitione, quod haec sit totius in partes, illa generis in formas. partes incertas esse, ut 'quibus constet res publica', formas certas, ut 'quot sint species rerum publicarum', quas tris accepimus, quae populi, quae paucorum, quae unius potestate regerentur.*

91 Vgl. Liddel-Scott s.v.: body formed by combination, compound. – Die Betonung des inneren Zusammenhangs – im Gegensatz zu bloßer Aufzählung – wird von Reinhardt, Kosmos und Sympathie, 1926, 116 (zitiert nach Theiler, in der Artemis-Ausgabe Mark Aurels, Wege zu sich selbst, 317) auf Poseidonios zurückgeführt; vgl. auch Mark Aurel IV 45. Charakteristisch ist auch die „Steigerung" des μέρος zum μέλος (des ἐκ τῶν λογικῶν σύστημα) bei Mark Aurel VII 13. Auf Poseidonios dürfte auch die Entgegensetzung von διαιρεῖν und μερίζειν bei Mark Aurel IX 8.1 zurückzuführen sein. Zur darin liegenden Spekulation über den Gegensatz von „Teil" und „Glied" s. etwa Hegel, Grundl. d. Philosophie des Rechts, § 278 Anm. – Zur *techne* als *systema* 1. u. A. 128.

92 S. Windelband a.a.O. 191; vgl. aber auch Lukrez, de rer. nat. 1.830 ff.

93 S. Simplikios a.a.O., sowie Bekker, Anecd., 679; ein weiteres Beispiel bei Prantl a.a.O. 423.

Es wäre verlockend zu untersuchen, aus welchen Gründen die Stoa anscheinend nicht nur der Diairesis schlechthin, sondern gerade auch dem *merismos* ein besonderes Interesse zuwandte. Ohne auf diese meine Kompetenz weit überschreitende Frage näher einzugehen, wäre vielleicht die Hypothese denkbar, daß ein Zusammenhang mit der besonderen Art sowohl des Empirismus als auch des Materialismus der Stoa besteht[94].

Sicherlich spielt auch bei Aristoteles die Empirie, die γνῶσις τῶν καθ' ἑκάστων (Metaph. 980 b 28 ff.), als Grundlage der wissenschaftlichen Erkenntnis, der γνῶσις τῶν καθόλου, eine wesentliche Rolle[95]. Was aber den aristotelischen Syllogismus betrifft, so beruhen zwar die einzelnen Terme des Syllogismus sei es auf Intuition (νοῦς), sei es auf Induktion (Empirie); der Syllogismus selbst aber ist analytisch, er hat nicht den Zweck, den Erfahrungsbereich zu erweitern. Das kommt besonders darin zum Ausdruck, daß der aristotelische Syllogismus – seiner Herkunft aus dem dialektischen Gespräch entsprechend – eher das Ziel hat, zu einem Satze die Prämissen zu suchen, als umgekehrt aus gegebenen Prämissen einen Satz abzuleiten[96].

Anders könnte es – wenigstens teilweise – beim stoischen Syllogismus liegen. Seine Aufgabe ist es, von wahrgenommenen Dingen zu noch nicht wahrgenommenen zu führen[97]. Dazu dient der von den Stoikern – im Anschluß wohl an Theophrast – hoch entwickelte hypothetische Syllogismus[98]. Ein – häufiger gebrachtes – Beispiel für einen solchen den Erfahrungsbereich ausweitenden Schluß findet sich etwa bei Sextus Empiricus (Pyrrh. Hyp. II 12, 140; s. auch Galen, ὅροι ἰατρικοί (Kuhn 19, 346 ff.) 18): „Wenn Schweißtropfen durch die Haut fließen, so gibt es sinnlich nicht wahrnehmbare (νοητοί) Poren; es fließen aber nun Schweißtropfen durch die Haut; folglich gibt es sinnlich nicht wahrnehmbare Poren"[99]. Von diesem „empiristischen" Trend der stoischen Dialektik aus gesehen ist es vielleicht verständlich, daß auch der *merismos* eine „dialektische" Rolle spielt. Etwas vage ausgedrückt, hat die Einteilung eines *holon* in seine *mere* gegenüber der Einteilung eines *genos* in seine *eide* einen

94 S. auch Pohlenz, Die Stoa I, 1964^3, 47 ff., sowie Gould a.a.O. 60 f.: auch die κοιναὶ ἔννοιαι sind nicht als Ideen, sondern empirisch und nominalistisch aufgefaßt.

95 Vgl. nur Windelband a.a.O. 181; F. Kambartel, Erfahrung und Struktur, 1968, 50 ff., 65 ff.; I. Düring, Aristoteles, 1966, 519 ff. passim; Gould a.a.O.

96 So vor allem Kapp RE IV A 1, 1046 ff. (1055 ff.), s.v. Syllogistik. Zum Verhältnis der aristotelischen zur stoischen Logik a. auch H. Scholz, Geschichte der Logik, 1931, 31 ff.

97 Vgl. Cic. Acad. 2.8.26: *ratio, quae ex rebus perceptis ad id, quod non percipiebatur, adducit*. Vgl. vor allem Kapp a.a.O. 1064 ff.; ders., Der Ursprung der Logik bei den Griechen, 1965, 88; Gould a.a.O. 72 ff.

98 S. dazu nur Bocheński, Formale Logik, 1962^2, 124 passim.

99 Nach den Skeptikern handelt es sich hier um einen Zirkelschluß; s. Diog. Laert., IX 89.

konkreteren, der erfahrenen Wirklichkeit näher stehenden Charakter. So ist es wohl kein Zufall, daß Sextus Empiricus[100] bei der Gegenüberstellung des hypothetischen und des kategorischen Schlusses die Notwendigkeit betont, daß der erstere alle *mere*, der letztere alle *eide* umfassen muß.

Noch deutlicher ist der Zusammenhang des *merismos* mit dem stoischen Materialismus[101]. Nach stoischer Auffassung ist alles, was existiert, körperlich (StVF II 469): *σώματα δὲ πάντα ὑπέθεντο* ... So gelten etwa die Seele und die von ihr bewirkten menschlichen Eigenschaften als körperliche Gegenstände (s. nur StVF II 790). Zwar kann an dieser Stelle auf die Doktrinen der stoischen Physik nicht näher eingegangen werden. Immerhin ist deutlich, daß die an sich eng mit dem Idealismus verbundene *divisio* nach stoischer Auffassung zwar zur Ordnung und Erkenntnis der Einzelgegenstände beitragen kann, daß sie aber – um es so zu nennen – ihr metaphysisches Pathos verlieren muß. Demgegenüber konnte die dem materialistischen Ansatz sehr viel besser entsprechende *partitio* durch die These von der universellen Körperlichkeit des Kosmos und der ihn füllenden Gegenstände metaphysisches Gewicht bekommen[102].

Doch sollen diese eher spekulativen Erwägungen zur Stellung des *merismos* innerhalb der stoischen Logik und Physik hier abgebrochen werden[103]. Für uns ist es wesentlich, daß Cicero in der Topik – sei es was den Begriff der *partitio*, sei es was die Beispiele betrifft – in der antiken Tradition steht[104]. Zweierlei ist allerdings auffällig: Einmal bezeichnet Cicero *divisio* und *partitio* als Formen der Definition, zum anderen wendet er als erster und einziger diese Begriffe auf die Rechtsordnung an. Beide Problembereiche sind im folgenden zu erörtern.

---

100 adv. Eth. I 8 (StVF II 224): *Τὸν γὰρ ὅρον φασὶν οἱ τεχνογράφοι ψιλῇ τῇ συντάξει διαφέρειν τοῦ καθολικοῦ, δυνάμει τὸν αὐτὸν ὄντα. καὶ εἰκότως ὁ γὰρ εἰπὼν "ἄνθρωπός ἐστι ζῷον λογικὸν θνητόν" τῷ εἰπόντι "εἴ τί ἐστιν ἄνθρωπος, ἐκεῖνο ζῷόν ἐστι λογικὸν θνητόν" τῇ μὲν δυνάμει τὸ αὐτὸ λέγει, τῇ δὲ φωνῇ διάφορον. καὶ ὅτι τοῦτο, συμφανὲς ἐκ τοῦ μὴ μόνον τὸ καθολικὸν τῶν ἐπὶ μέρους εἶναι περιληπτικόν, ἀλλὰ καὶ τὸν ὅρον ἐπὶ πάντα τὰ εἴδη τοῦ ἀποδιδομένου πράγματος διήκειν.* ...

101 Vgl. nur Gould a.a.O. 107 ff.

102 Vgl. auch unten Anm. 194 zum Problem der endlichen oder unendlichen Teilbarkeit. Bekanntlich folgen auch dic Naturwissenschaften bei der Einteilung der Natur in Klassen und Gattungen dem Prinzip der Diairese (i.w.S.). Während in der Neuzeit hierbei das Prinzip der *partitio* herrscht, ist es für Aristoteles charakteristisch, daß er das an sich schwer zu handhabende Schema der *divisio* bevorzugt (s. nur von Fragstein a.a.O. 88 ff., zu den part. anim.; vgl. allgemein dazu auch Düring a.a.O. 525 f.).

104 S. auch die Beispiele aus der Rhetorik in top. 8.34; ähnlich wohl auch Orat. 4.16; de or. 2:19.83 ff.; dagegen werden die Unterschiede von *partitio* und *divisio* in Or. 33.117 verwischt. In de inv. 1.24.34 f. wird auf die Trennung der *divisio* von der *partium enumeratio* hingewiesen.

VIII. Sind *divisio* und *partitio* Definitionsformen?

Die Identifizierung der *divisio* und der *partitio* mit der Definition erweckt auf den ersten Blick Zweifel. Während bei der *divisio* eine gleichsam assoziative Identifizierung wegen ihres engen Zusammenhanges mit der Definition nach *genus* und *differentia specifica* eher verständlich ist, dürfte die Aufzählung der *partes* als Definitionsform weit schwerer erklärbar sein. Doch wollen wir an dieser Stelle nicht der Versuchung nachgeben, in die in letzter Zeit recht lebhaft gewordene Diskussion über die Rolle der Definition bei Cicero[105] und bei den römischen Juristen[106] näher einzutreten. Für die Einordnung der *divisio* und der *partitio* in die Definitionslehre bedarf es einer nur fragmentarischen Erörterung der antiken Definitionslehren.

Vorauszuschicken ist, daß die Diskussion über die Definitionslehre bei Cicero und bei den Juristen häufig unter zwei anfechtbaren Voraussetzungen zu leiden scheint: Einmal wird verkannt, daß die Auffassungen der griechischen Philosophen über die Definitionen schwer in eine systematische Ordnung gebracht werden können; daraus ergeben sich offensichtlich Folgerungen für die Kritik der Anwendung der Definition durch Cicero und durch die Juristen. Zum anderen wird häufig nicht klar genug gesehen, daß – um mit der Sprache der klassischen Logik zu sprechen – die Definition der Definition eine Nominaldefinition ist. Daraus folgt, daß man nur in zwei Fällen einem Autor eine „unrichtige" Definitionstechnik vorwerfen kann: einmal, wenn man es für richtig hält, sich auf den Boden einer bestimmten Definitionslehre zu stellen, zum anderen, wenn der Autor selbst mit einer von ihm dogmatisch festgelegten Definitionslehre in Widerspruch gerät.

Bereits die auf der definitorischen Praxis des Sokrates – den man vielleicht als „Erfinder" der Definition bezeichnen kann[107] – aufbauende aristotelische Lehre ist kompliziert und teilweise unklar. Von den hierfür verantwortlichen Umständen seien an dieser Stelle nur folgende genannt: Die Definition wird teils als ὅρος, teils als ὁρισμός bezeichnet; dabei kann der Begriff ὅρος aber nicht nur die Definition, sondern auch den syllogistischen Terminus bezeichnen, der

---

105 S. hier nur Villey, Recherches ... 30 ff.; 64 ff.; Michel, Rhétorique ..., 187 ff.; Riposati, Topica ..., 53 ff.; Martini, Definizioni, 15 ff.; Carcaterra, Definizioni, 77 ff.

106 Vgl. außer der oben A.8 zitierten Literatur etwa noch F. Schulz, Geschichte der römischen Rechtswissenschaft, 73 ff.; D. Behrens, SZ 74, 1957, 353 ff.; Horak, Rationes Decidendi I, 1969, 223; Schmidlin, Die römischen Rechtsregeln, 1970, 187 ff.

107 S. nur Kapp, Ursprung der Logik bei den Griechen, 36; etwas anders Stenzel, RE XIII 1, 991 ff. (1000), s.v. Logik, der die formale Definition als Ziel der dialektischen Fragen erst Platon zuweist. Zur „Jagd" nach der Definition durch Diairese bei Platon s. auch Bocheński, Formale Logik, 42.

keinerlei inhaltliche Bedeutung hat[108]. Damit mag zusammenhängen, daß schon bei Aristoteles das Verhältnis von Syllogismus und Definition bisweilen schwer durchschaubar ist[109], was wiederum mit dem besonderen Charakter der aristotelischen Schlußlehre zusammenhängt. Bekanntlich ist es für die Definition bei Aristoteles – zumindest in ihrer bekanntesten Form der Bestimmung des τὸ τί ἦν εἶναι (s. nur Top. I 5, 101 b) – kennzeichnend, daß sie der Wesensbestimmung dient, also ontologischen Charakter hat[110]. Dafür ist es ein Beweis, daß sie von Aristoteles im zweiten Teil der Analytiken, der sich mit der „Erkenntnistheorie" beschäftigt, erörtert wird (Analyt. post. II 3, 90 a). Geht man davon aus, so wäre an sich eine klare Grenze zum Syllogismus, der der formalen Logik angehört – die in den Analytika priora behandelt wird – möglich. Dem entspricht es, daß nach den neueren Auffassungen von der aristotelischen Logik[111] die in den ersten Analytiken dargestellte Lehre vom Syllogismus ohne Einschränkung als formale Logik interpretiert werden kann. Eine andere, wohl zu verneinende Frage ist es, ob sich Aristoteles des Gegensatzes von formaler Logik und (ontologischer) Erkenntnistheorie schon voll bewußt war. Dagegen sprechen etwa seine Gleichbehandlung der logischen Grund-Folge- und der ontologischen Ursache-Wirkung-Beziehung[112] und die Behandlung des Satzes vom Widerspruch nicht in der Logik, sondern in der Metaphysik[113]. Da unter diesem Aspekt auch der Syllogismus der Wesenserkenntnis dienen kann, ist die Unschärfe der Grenze zur Definition verständlich.

Sieht man von diesen Abgrenzungsschwierigkeiten ab, so ist sich bereits Aristoteles dessen bewußt, daß man mehrere Formen der Definition zu unterscheiden hat. Charakteristisch ist dafür die Zusammenfassung in den zweiten Analytiken[114]. Dort werden die beiden Formen der Definition

108 S. Kapp a.a.O. 37; ders., RE IV A 1, 1046 ff. (1050), s.v. Syllogistik. Vgl. im übrigen auch Bocheński a.a.O. 52 und Ross, Aristoteles' Prior and Posterior Analytics, 1949, 290.

109 S. nur Kapp, Der Ursprung der Logik . . ., 35 ff.

110 S. nur Düring a.a.O. 614.

111 S. nur Kapp a.a.O. 4; Bocheński a.a.O. 3; Patzig im Fischer-Lexikon der Philosophie 140 ff. s.v. Logik; ders., Die Aristotelische Syllogistik, 1963². Anders die frühere Lehre, die entsprechend der damaligen schlechten Bewertung der formalen Logik es geradezu als Verdienst des Aristoteles ansah, daß er seine Logik nicht von der Ontologie gelöst hatte; s. nur Prantl, Geschichte der Logik I, 87 ff. – Auch in der aus aristotelischen und stoischen Elementen gemischten Logik Galens werden Logik und Erkenntnistheorie nicht scharf unterschieden (vgl. nur Mau, Galen, Einführung in die Logik, 1960, 60 passim).

112 S. Anal. post. I 1, 71 b; s. Düring a.a.O. 90 A. 272. – Zum Verhältnis von logischer und kausaler Notwendigkeit aus moderner Sicht s. Stegmüller, Probleme und Resultate der Wirtschaftstheorie und Analytischen Philosophie I, 1969, 446 ff.

113 1005 b, 19; s. Windelband a.a.O. 176; Hinweise auf die ältere Literatur (H. Maier und von Trendelenburg) bei Rolfes, Übersetzung der 2. Analytik, Einl. VI ff.

114 II 11, 93 b f.; s. dazu Ross a.a.O. 634 f.; Düring a.a.O. 102; von Fragstein a.a.O. 97.

unterschieden, die auf die Fragen: was es ist und warum es ist, antworten. Beschränkt man sich auf die „normale", auf die Frage „was es ist" antwortende Definitionsform, so bleibt es wiederum unklar, ob die Definition durch Angabe des *genus* und der *differentia specifica* erfolgen muß (so etwa Metaph. VII 4, 1030 a) oder ob eine andere Art der inhaltlichen Bestimmung hinreichend oder erforderlich ist[115]. Schließlich nimmt die Definitionslehre, da sie nach dem „Wesen" des Gegenstandes fragt, noch an allen Schwierigkeiten der aristotelischen *ousia*-Theorie teil[116]. Nur beispielsweise sei angeführt, daß nach Metaph. VII 3, 1029 a von Aristoteles vier mögliche Bestimmungen der *ousia* in Betracht gezogen werden: das Hypokeimenon (der Stoff mit seinen Eigenschaften), die Definition (τὸ τί ἦν εἶναι), die Gattung (τὸ γένος) und das Allgemeine (τὸ καθόλου).

Welche Schlüsse lassen sich aus dieser noch recht vereinfachenden, aber zugleich verwirrenden Darstellung ziehen? Sicher dürfte nur folgendes sein: Einmal hat die aristotelische Definition die Aufgabe, das Wesen eines Gegenstandes zu bestimmen. Zum anderen ist die Definition nach *genus* und *differentia specifica* die vornehmste Form der Definition (Top. VI 4, 141 b). Damit ist allerdings noch nicht die Frage beantwortet, ob eine Wesensbestimmung durch *divisio* oder *partitio* möglich ist. Diese Frage wird von Aristoteles, sei es implizit, sei es ausdrücklich verneint.

Was die *divisio* betrifft, so fehlt eine ausdrückliche Verneinung der Frage. Das dürfte damit zusammenhängen, daß Aristoteles den für die moderne Logik wesentlichen Unterschied[117] zwischen Begriffsumfang und Begriffsinhalt nicht macht[118] oder – vielleicht genauer – eine Definition durch vollständige Aufzählung der Glieder nicht kennt[119]. Schon diese Tatsache schließt die Anerkennung der *divisio* als Definitionsform aus. Dazu kommt, daß Aristoteles – wohl in Polemik mit Platon (vgl. nochmals den Sophistes 218 D ff.) – auch der Diairesis bei der Definition schlechthin nur eine beschränkte Bedeutung

---

115 So soll nach der Topik (VI 4, 141 b) die „gute" Definition Gattung und Differenz enthalten; doch weist gerade der Unterschied der *topoi* Definition und Gattung mit Differenz auf eine Verschiedenheit hin. Dieser schwierigen Frage kann hier nicht nachgegangen werden; s. nur Behrens a.a.O. 355; vgl. auch Quint. Inst. 5.10.54 ff.. Zur Kritik etwa auch Sext. Emp. adv. Eth. II 31.

116 S. nur Düring a.a.O. 611 ff.

117 Vgl. nur Menne, Einführung in die Logik, 1966, 24.

118 Vgl. nur Bocheński, Formale Logik, 81.

119 Es ist also zu vermuten, daß für Aristoteles – um das Beispiel bei Stegmüller, Hauptströmungen der Gegenwartsphilosophie, 1969[4], 369 zu benutzen – die Bestimmung des Begriffes „Skandinavier" durch vollständige Aufzählung (entweder Schwede oder Däne oder Norweger oder Isländer) keine richtige Definition wäre.

zuerkennt[120]. Die Schwächen der Diairesis, die er einen *ἀσθενὴς συλλογισμός* nennt (Analyt. pr. I 31, 46 a), liegen nach Aristoteles – kurz zusammengefaßt und vereinfacht – in folgenden Tatsachen begründet (Analyt. post. II 5, 91 b): Einmal gibt sie keine Definition, sondern eine Alternative (Beispiel ist die Definition des Menschen: Sterblichkeit oder Unsterblichkeit?). Zum anderen ist das Ergebnis (Sterblichkeit) nur scheinbar durch die Diairese „bewiesen", in Wahrheit aber nur behauptet oder induktiv erschlossen. Schließlich besteht bei der Diairese die Gefahr, daß sie mehr oder weniger Glieder erschließt, als es für eine Definition notwendig ist. So kann der aufrechte Gang für den Menschen charakteristisch sein, ohne daß sich daraus mit Notwendigkeit ergibt, daß dieses Merkmal auch in eine Definition des Menschen einzugehen hat. Sowohl die Unkenntnis der extensionalen Definition als auch die Bedenken gegen die Diairese schließen es also aus, daß Aristoteles die *divisio* als gute Definition (*τὸ καλῶς ὁριζόμενον*; Top. VI. 4, 141 b) anerkannt hätte.

Deutlicher noch ist die Ablehnung der *partitio* als Definition durch Aristoteles. In Top. VI 13, 150a f. erörtert er etwa die Teilung des *holon* in seine *mere* als Hilfsmittel bei der Definition[121]. Als Beispiel bringt er unter anderem (ebenda 150 b) das Haus (*holon*) und die Materialien, aus denen es zusammengesetzt ist (*mere*). Dabei stellt er fest, daß die Aufzählung allein zur Erkenntnis des Gegenstandes und damit zu seiner Definition nicht führt; notwendig ist vielmehr die Erkenntnis, wie die Materialien zusammengesetzt sind[122]. Es kann hier dahinstehen, ob die Kombination der Aufzählung mit der Art der Zusammensetzung eine (nach der aristotelischen Lehre im übrigen) kunstgerechte Definition abgibt. In jedem Fall ist die *partitio* als solche nach Aristoteles keine Definition.

Noch komplizierter als die Erkenntnis der aristotelischen Lehre dürfte es sein, die stoische Theorie von den Definitionen festzustellen, die ebenfalls als Quelle für Ciceros Auffassung der Definition als *divisio* oder *partitio* in Betracht

120 Vgl. nur Ross a.a.O. 618 f.; Düring a.a.O. 66, 72. Nur der Deutlichkeit halber sei bemerkt, daß die Diairese mit der extensionalen Begriffsbestimmung unmittelbar nichts zu tun hat. Während bei dieser die Gesamtheit der Teile (vgl. das Beispiel der „Skandinavier" in der vorigen Anmerkung) den Begriff bestimmt, versucht die Diairese die Begriffsbestimmung durch Ausscheidung zu gewinnen (Beispiel: Definition des Menschen: Ist er ein Lebewesen oder nicht? Wird ersteres bejaht: Ist er sterblich oder nicht? etc.). Doch dürfte sich aus der Ablehnung der Diairese (durch Eliminierung) als Definitionsform mittelbar ergeben, daß auch die *divisio* für Aristoteles keine Definition ist.

121 Zu den hier im übrigen nicht interessierenden Auffassungen des Aristoteles zum Verhältnis des *ὅλον* zu den *μέρη* vgl. Düring a.a.O. 615 f.; zur Einstellung des Aristoteles zur *partitio* allgemein von Fragstein a.a.O. 86 passim.

122 150 b, 22 ff. . . .*οὐ γὰρ αὔταρκες πρὸς τὸ γνωρίσαι τὸ εἰπεῖν ἐκ τούτων. οὐ γὰρ τὸ ἐκ τούτων ἀλλὰ τὸ οὕτως ἐκ τούτων ἑκάστου τῶν συνθέτων ἡ οὐσία, καθάπερ ἐπ' οἰκίας· οὐ γάρ, ἂν ὁπωσοῦν συντεθῇ ταῦτα, οἰκία ἐστίν.*

kommt. Denn einmal vermengen sich in der stoischen Dialektik aristotelische[123] und eigentümlich stoische Elemente in schwer durchschaubarer Weise[124], zum anderen erlaubt auch die Quellenlage kaum eine systematische Darlegung der stoischen Lehre. So muß unsere Erörterung hier eher noch aphoristischer sein als die der aristotelischen Auffassung.

Bekanntlich hat die stoische Dialektik eine gegenüber Aristoteles differenziertere Lehre vom Verhältnis von Sprache, Logik und Erkenntnis hervorgebracht[125]. Legt man die wohl nicht nur in der Terminologie an de Saussure anklingende Unterscheidung der Bereiche des *σημαῖνον* (Signifikant), *σημαινόμενον* (Signifikat im Sinne des Begriffes, nicht des Gegenstandes)[126] und *πρᾶγμα* zugrunde, so gehört die Definitionslehre zur Lehre von den *σημαινόμενα* (s. nur StVF II 224 ff.). Doch stehen Begriff und Gegenstand nicht so unvermittelt nebeneinander, daß eine Definition nur als Nominaldefinition bezeichnet werden könnte. Vielmehr ist nach stoischer Auffassung das menschliche Erkenntnisvermögen in der Lage[127], auf empirischem Wege zur Erkenntnis der Gegenstände zu gelangen[128]. Kennzeichnend hierfür ist es, daß die Begriffslehre (*to horikon*) in Parallele zur Lehre von den Wahrheitskriterien gesetzt wird; beide dienen der Wahrheitserkenntnis (Diog. Laert. VII 42)[129]: *Τὸ μὲν οὖν περὶ κανόνων καὶ κριτηρίων παραλαμβάνουσι πρὸς τὸ τὴν ἀλήθειαν εὑρεῖν· . . . καὶ τὸ ὁρικὸν δὲ ὁμοίως πρὸς ἐπίγνωσιν τῆς ἀληθείας· δια γὰρ τῶν ἐννοιῶν τὰ πράγματα λαμβάνεται.*

Die stoische Definition dürfte somit eine auf Grund von empirischer Analyse gewonnene Realdefinition sein[130]. Hinsichtlich ihres ontologischen Charakters unterscheidet sie sich nicht von der aristotelischen Definition[131].

---

123 Vgl. nur StVF II 230; unklar ist es, wie weit Antisthenes Nachfolge in der stoischen Definitionslehre fand (s. StVF II 228). Vgl. auch unten A. 151.

124 S. nur Bocheński, Ancient Formal Logic, 81 f.

125 S. nur Pohlenz a.a.O. 37 ff.; vgl. im übrigen auch Arens, Sprachwissenschaft, 1969^2, 17 f.; Gentinetta, Zur Sprachbetrachtung bei den Sophisten und in der stoisch-hellenistischen Zeit, 1961, 93 ff. (jeweils mit weiteren Nachweisen).

126 Auf das Verhältnis von *lekton* (*notio*; Cic. Top. 7.31) und *semainomenon* braucht hier nicht eingegangen zu werden; s. nur Pohlenz a.a.O. und Bocheński a.a.O. 83.

127 Vgl. den Begriff der *katalepsis* und die umfangreiche Lehre von den Wahrheitskriterien; StVF II 105 ff.; s. auch Mau, Hermes 85, 1957, 149.

128 S. etwa den Begriff der *techne* bei Chrysipp (StVF II 94 f.): *τέχνη ἐστὶ σύστημα ἐκ καταλήψεων ἐμπειρίᾳ συγγεγυμνασμένων πρός τι τέλος εὔχρηστον τῶν ἐν τῷ βίῳ.* S. hierzu Gould, The Philosophy of Chrysippus, 1970, 170 ff., 196 ff.

129 Zur Lehre von den Wahrheitskriterien s. auch Gould, The Philosophy of Chrysippus, 48 ff. – Zum Glauben Chrysipps an die Möglichkeit der Wesenserkenntnis ebenda 89.

130 Zu den verschiedenen Formen der Realdefinition (Bedeutungsanalyse, empirische Analyse, Explikation) s. etwa Stegmüller a.a.O. 373 f.

131 Zum ontologischen Charakter der stoischen Dialektik vgl. auch H. Scholz, Geschichte der Logik, 1931, 35 A.14.

Unter diesen Umständen ist es auffällig, daß die Stoiker den Definitionen ein verhältnismäßig geringes Interesse widmeten[132]. Grund hierfür dürfte ihre negative Einstellung zur Ideenlehre gewesen sein. Wenn die Ideen keine reale Existenz haben, wenn es nur die Einzeldinge sind, die wirklich sind[133], wenn generalisierende Urteile nur auf den Ähnlichkeiten zwischen diesen Einzeldingen beruhen, dann liegt es nahe, der im Dienste der Ideenlehre entstandenen Definitionslehre geringere Beachtung zu schenken. Daraus erklärt sich auch ohne weiteres, daß die Stoiker auf die Frage nach der richtigen Definition recht verschiedene Antworten gaben. So legt etwa Antipater besonderen Wert auf die Vollständigkeit der Definition, Chrysipp auf die notwendige Wiedergabe des *proprium*[134]. Bemerkenswert ist es auch, daß eine Kurzform der Definition (*hypographe*) bekannt ist, deren Zweck die summarische Einführung in die *pragmata* ist[135]. In ihr könnte man eine Vorform der eher nominalistischen Definition durch Abkürzung sehen[136]. Für unsere Frage ist es wesentlicher, daß sich eine Gleichsetzung von Definition mit *divisio* oder *partitio* auch in der stoischen Logik wenigstens nicht mit Sicherheit nachweisen läßt.

Was die *divisio* betrifft, so ist es einmal charakteristisch, daß die *diairesis* dort, wo theoretisch über die Definitionslehre gesprochen wird, stets n e b e n den *horos* gestellt, niemals als Teil des *horos* behandelt wird[137]. Charakteristischer noch ist es, daß dort, wo die Stoiker praktisch mit Definition und *divisio* arbeiten, beide Phänomene nebeneinander auftauchen. Viele Beispiele hierfür finden sich in der stoischen Ethik[138]. Betrachtet man etwa die stoische Pathos-Lehre (Diog. Laert. VII 110 ff.), so wird zuerst der Begriff des *pathos* definiert (nach Zenon: *ἡ ἄλογος καὶ παρὰ φύσιν ψυχῆς κίνησις ἢ ὁρμὴ πλεονάζουσα*). Entgegen den von Aristoteles für eine „gute" Definition aufgestellten Maßstäben wird nicht das Schema: *genus-differentia specifica* verwendet. Im folgenden werden die *gene* des *pathos* (λύπη, φόβος, ἐπιθυμία,

---

132 s. Gould a.a.O. 103 ff.

133 s. Überweg-Prächter, Philosophie des Altertums, 1926[12], 418 f.

134 Diog. Laert. VII 60: Ὅρος δέ ἐστιν, ὥς φησιν Ἀντίπατρος ἐν τῷ πρώτῳ Περὶ ὅρων, λόγος κατ' ἀνάλυσιν ἀπαρτιζόντως ἐκφερόμενος, ἤ, ὡς Χρύσιππος ἐν τῷ Περὶ ὅρων, ἰδίου ἀπόδοσις.

135 Diog. Laert. a.a.O.: Ὑπογραφὴ δέ ἐστι λόγος τυπωδῶς εἰσάγων εἰς τὰ πράγματα, ἢ ὅρος ἁπλούστερον τὴν τοῦ ὅρου δύναμιν προσενηνεγμένος. – Vgl. im übrigen auch Gellius 1.25.1 ff. (11), der eine Definition der *indutiae* durch Varro nicht als ὁρισμός, sondern nur als τύπος oder ὑπογραφή gelten läßt. Von Mark Aurel III 11.1 werden ὅρος und ὑπογραφή wohl identifiziert.

136 S. Kamlah-Lorenzen, Logische Propädeutik, 1967, 78.

137 Vgl. nur Diog. Laert. VII 60 ff.; Sext. Emp. Pyrrh. Hyp. II 16 ff., 205 ff.

138 Vgl. Diog. Laert. VII 94 ff. passim. Die von den Stoikern hierbei befolgte Methode dürfte wenigstens zum Teil auf Prodikos zurückgeführt werden können; vgl. Gentinetta a.a.O. 43.

ἡδονή) aufgezählt. Dann folgt die Definition der einzelnen *gene* und ihre Aufteilung in *eide*. So wird etwa das Leid (λύπη) als συστολὴ ἄλογος definiert. Als seine species werden genannt: ἔλεος φθόνος ζῆλος ζηλοτυπία ἄχθος ἐνόχλησις ἀνία ὀδύνη σύγχυσις. Zuletzt werden diese einzelnen Arten der λύπη ihrerseits wieder definiert. Von einer Gleichsetzung von Definition und Diairese findet sich keine Spur[139].

Dasselbe gilt aber auch für den *merismos (partitio)*. Auch er wird unabhängig von der Definition erörtert[140]. Im übrigen läßt sich schon a priori vermuten, daß eine auf das „Wesen" des Gegenstandes gerichtete Definition, wie es die stoische (wenigstens in der Regel) ist, nicht befriedigend durch eine *partitio* gegeben werden kann. Anderes mag vielleicht für die Sonderform der Hypographe gelten. Denn es ließe sich vorstellen, daß die „Einführung in die zu erkennenden Gegenstände" (s. oben Anm. 135) auch durch Aufzählung der Bestandteile erreicht werden könnte. Doch finden sich für diese an sich nicht ganz abwegige Hypothese keine Indizien[141].

Berücksichtigt man die hier nur angedeutete Vielfalt der antiken Definitionslehren[142], berücksichtigt man weiterhin die bei der akademischen Skepsis zu vermutende Zurückhaltung gegenüber der Möglichkeit, das Wesen der Dinge durch gute Definitionen zu erfassen[143], so ist es verständlich, daß Cicero, der sich wohl zur damaligen skeptischen Akademie zählte[144], eine klare Definitionslehre weder anwenden konnte, noch wollte. Der mit dem Skeptizismus parallel gehende Eklektizismus[145] ermöglichte es ihm, seine Aussagen über die Definitionen dort zu suchen und zu finden, wo er es jeweils für richtig hielt.

---

139 Unerörtert muß hier bleiben, ob die eben beispielhaft aufgezählten Diairesen nicht ebenso gut oder besser als *partitiones* verstanden werden könnten.

140 S. Diog. Laert. und Sext. Emp. oben A. 137; vgl. auch das Register zu den StVF. Der Satz bei Diog. Laert. VII 60 a.E. (γένος δέ ἐστι πλειόνων καὶ ἀναφαιρέτων ἐννοημάτων σύλληψις, οἷον Ζῷον· τοῦτο γὰρ περιείληφε τὰ κατὰ μέρος ζῷα.) dürfte sich – trotz Erwähnung des *meros* – auf die Einteilung nach *eide* beziehen; s. Diog. Laert. VII 61.

141 Etwas anderes ist es, wenn Mark Aurel III, 11.1 ff. die Wesenserkenntnis durch Untersuchung der einen Gegenstand ausmachenden Teile anstrebt; denn die Teile sollen nicht aufgezählt, sondern analysiert werden.

142 Vgl. noch die verschiedenen Definitionsformen bei Galen, Ὅροι ἰατρικοί 1 f. (Kühn 19, 346 ff.).

143 Möglicherweise spiegelt sich diese Zurückhaltung auch noch in den allerdings viel später liegenden Diskussionen des Sext. Emp. (vgl. hier nur nochmals Pyrrh. Hyp. II 16, 205 ff.) wider.

144 S. nur Windelband a.a.O. 256; Michel, Rhétorique . . ., 187 ff.; Riposati, Topica . . , 68 passim; Goedeckemeyer, Geschichte des griechischen Skeptizismus, 1905, 130 ff.

145 Zur eklektizistischen Logik der späteren Zeit s. nur Bocheński, Ancient Formal Logic, 103 f. – Zur Abneigung Epikurs gegen Definitionen s. nur Cic. de fin. 2.1.3 f.; vgl. auch Überweg-Prächter, Philosophie des Altertums, 1926[12], 448 f.

So kennt Cicero etwa die aristotelische Definition nach *genus* und *differentia specifica*[146], beurteilt sie aber eher skeptisch (part. or. 12.41). Häufiger scheint er an die summarische Definition der stoischen Hypographe zu denken, wenn er etwa auf die Qualität der „Kürze" der Definition hinweist. Ein Beispiel hierfür ist de inv. 1.8.11: ... *quare in eiusmodi generibus definienda res erit verbis et breviter describenda*[147]. Für die Großzügigkeit, mit der Cicero die Definitionslehre behandelt, ist besonders aufschlußreich die (nicht vollständige) Aufzählung von Definitionsmöglichkeiten in den part. or. 12.41[148]: ... *Non dubium est id quidem quin definitio genere declaretur et proprietate quadam aut etiam communium frequentia, ex quibus proprium quid sit eluceat. Sed quoniam de propriis oritur plerumque magna dissensio, definiendum saepe est ex contrariis, saepe etiam ex dissimilibus, saepe ex paribus. Quam ob rem descriptiones quoque sunt in hoc genere saepe aptae et enumeratio consequentium, in primisque commovet explicatio vocabuli ac nominis.*

Diese aus Philosphie und Rhetorik bunt gemischte Liste von sieben Definitionsformen läßt deutlich das nur pragmatische Interesse Ciceros an der Definition erkennen. Dem entspricht es, daß er auch in dieser Liste nicht auftauchende Definitionstypen verwendet. So wird in top. 2.9 – vielleicht stoischem Vorbild gemäß[149] – eine Definition in die Form eines Syllogismus, genauer eines *epicheirema* gebracht[150], so wird in top. 5.26 ein (inhaltlicher) Unterschied zwischen Definitionen von Gegenständen, *quae sunt*, und solchen, *quae intelleguntur*, gemacht. Schließlich werden – um auf unser Problem zurückzukommen – eben auch die *divisio* und *partitio* als Definitionen genannt. Hier geht Cicero – wenn man vielleicht von Antisthenes absieht[151] – eigene Wege.

---

146 S. etwa top. 6.29; dazu Michel a.a.O. 487 f. Zum Verhältnis des ciceronianischen „*quid sit*" zur aristotelischen Definition vgl. Riposati a.a.O. 56 ff.

147 Vgl. auch de inv. 2.51.153 f.; de or. 1.42.189; s. auch die übrigen bei Riposati a.a.O. 54 zitierten Stellen, sowie auct. ad Herr. 1.12.21 und 4.25.35. Immerhin kann die Betonung der Kürze der Definition auch auf die platonische Tradition zurückgeführt werden.

148 S. dazu Villey, Recherches ..., 71; Martini a.a.O. 36 f., 42 f.

149 S. nur die Definition durch logische Implikation bei Chrysipp StVF II 227; dazu Schmidlin, Die röm. Rechtsregeln, 190.

150 Dazu Michel a.a.O. 173 ff.; zum Verhältnis von Definition und Syllogismus bei Aristoteles s.o. bei A.108.

151 Nach ihm kann die Definition von Zusammengesetztem nur durch Aufzählung der Teile erfolgen (s. Windelband a.a.O. 105 f.; vgl. auch Diog. Laert. VI 3, StVF II 228, wo eher die aristotelische Form des *to ti en einai* anklingt). Eine direkte Abhängigkeit Ciceros von Antisthenes ist nicht wahrscheinlich. – Es braucht nicht ausgeführt zu werden, daß die *partitio* des *ius civile* durch Papinian (D.1.1.7 pr; s.o. bei A. 25) nicht dadurch zu einer technischen „Definition" wird, daß sie sich im zweiten Buch seiner *definitiones* befindet.

Wir haben gesehen, daß weder Aristoteles noch die Stoa *divisio* und *partitio* als Definitionsformen kannten. Für die *divisio* mag die Kontamination – wie schon gesagt – eher noch näher liegen als für die *partitio*. Denn durch das Schema: *genus – differentia specifica* hat sie gewissermaßen eine natürliche Verbindung zur klassischen Definitionsform[152]. Wichtiger scheint mir zu sein, daß man – von der modernen Unterscheidung von Begriffsinhalt und Begriffsumfang aus gesehen – Cicero bei der Identifizierung von *definitio* und *divisio* kaum einen Fehler vorwerfen kann. Wenn auch nicht anzunehmen ist, daß er sich dieses Unterschiedes bewußt war, so hat er doch nach unseren Quellen wohl als erster die Möglichkeit einer Definition nach dem Begriffsumfang festgestellt.

Schwieriger ist die Lage bei der *partitio*. Dem entspricht es, daß die Gleichsetzung von *definitio* und *partitio* selbst für Cicero nicht typisch gewesen ist[153]. Denn an einer anderen Stelle gerade der Topik (2.9 f.) trennt er selbst scharf die *definitio* von der der *partitio* wenigstens nahestehenden *partium numeratio*[154]. Es ist also fraglich, ob wir ihn bei der Gleichsetzung an der hier interessierenden Stelle wirklich beim Worte nehmen dürfen.

Vergleicht man somit Ciceros Auffassungen über die Definitionen mit der zeitgenössischen Lehre, so finden sich sowohl Parallelen als auch Unterschiede[155]. Doch sind die Abweichungen – wenigstens vom Standpunkt Ciceros aus – kaum kritikwürdig. Es ist bereits häufiger bemerkt worden, daß Cicero dem Definitionswesen als Skeptiker gegenübersteht. Ein Beispiel hierfür ist die bereits zitierte Stelle part. or. 12.41 (zitiert oben bei Anm. 148), wo er gegenüber den aristotelischen Ansprüchen die Berechtigung von an sich „unsauberen" Definitionsformen verteidigt. An anderer Stelle (or. 33.116 f.) empfiehlt er die elastische Anwendung der Definitionsregeln. Am bekanntesten ist seine Kritik an

152 Vgl. auch Quint. Inst. 5.10.63, der die *divisio* als Hilfsmittel („*adiuvari*") der Definition bezeichnet. Nicht zufällig wird – wie wir gesehen haben – in der Stoa die *diairesis* auch stets in unmittelbarem Zusammenhange mit dem *horos* erörtert. Vgl. auch Cicero selbst in Or.33.117.

153 Vgl. auch Riposati a.a.O. 80 ff.

154 Vermutlich liegt das Unterscheidungskriterium zwischen *partitio* und *partium numeratio* darin, daß bei ersterer der innere Zusammenhang betont wird, bei letzterer dagegen nicht. Vgl. im übrigen auch top.7.32 a.E. und 8.33; hier scheint Cicero die *partitio* der *definitio* gegenüberzustellen. Vgl. auch de inv. 1.24.34 f.

155 Über die Konsequenzen, die man hieraus für die Beurteilung der Definitionen bei den römischen Juristen ziehen muß, ist hier nicht zu handeln; bekannt ist, daß sie den Anforderungen des Aristoteles an eine „gute" Definition kaum gewachsen sind (s. nur Coing, Studi Arangio-Ruiz I, 371). Charakteristisch ist es, daß Favorin (bei Gell. 4.1.1 ff.) eine Definition des Scaevola deshalb kritisiert, weil sie nicht dem *genus–differentia specifica*-Schema folgt.

den Definitionsregeln in de or. 2.25.108 f., die man häufig mit den Worten Javolens über die Gefahren der Definition verglichen hat[156]:

etenim definitio primum reprehenso verbo uno aut addito aut dempto saepe extorquetur e manibus; deinde genere ipso doctrinam redolet exercitationemque paene puerilem: tum et in sensum et in mentem iudicis intrare non potest, ante enim praeterlabitur, quam percepta est.

Der pragmatischen Art, mit der Cicero die Theorie der Definitionen behandelt, entspricht auch – worauf zuletzt noch hinzuweisen ist – seine Praxis. Als Beispiel sei nur die Definition der *artes* durch Antonius in de or. 1.48.210 ff. erwähnt. Dort wird jeweils zuerst eine eher der stoischen Hypographe entsprechende Definition aufgestellt, die dann durch Beispiele gestützt und erläutert wird[157]. Daß zwischen der *partitio* und der Aufzählung von Beispielen eine gewisse Verwandtschaft besteht, läßt sich wohl kaum leugnen.

Zusammenfassend ist zu sagen, daß die Gleichsetzung von *partitio* und *divisio* mit der Definition weder der aristotelischen noch der stoischen Definitionstheorie entspricht, daß ihre Zulässigkeit nach den Auffassungen der skeptischen Richtung zwar nicht bewiesen, aber immerhin nicht ganz abwegig ist. Eine weitere Frage ist es, ob der moderne Betrachter hier von einer Definition sprechen würde.

Die Auffassungen über die Definitionsregeln gehen heute wohl eher noch mehr auseinander als in der Antike[158]. Abzusehen ist dabei von den Definitionsproblemen der mathematischen Logik, da sie wenigstens unmittelbar für die Klärung der Frage, ob das Recht in der von Cicero gewählten Form definiert werden kann (durch *partitio* oder *divisio*), nichts hergeben. Im übrigen ist man bestrebt, die Definition aus den Fesseln der Ontologie zu

---

156 50.17.202: *Omnis definitio in iure civili periculosa est: parum est enim, ut non subverti posset.* – Vgl. zur Stelle etwa Villey a.a.O. 26 f.; Martini a.a.O. 14; s. auch Quint. Inst. 7.3.17, sowie Guarino, Labeo 14, 1968, 65 ff.

157 S. etwa 212: *Sin autem quaereretur quisnam iuris consultus vere nominaretur, eum dicerem, qui legum et consuetudinis eius, qua privati in civitate uterentur, et ad respondendum et ad agendum et ad cavendum peritus esset, et ex eo genere Sex. Aelium, M.'Manilium, P. Mucium nominarem.* – Zur Aufzählung von Beispielen im Rahmen der Divisionslehre s. auch Boeth. de divisione (Migne PL) 68, 885 A, zitiert bei Martini a.a.O. 58, 393.

158 Vgl. nur die reiche Literaturliste bei Carcaterra a.a.O. 103 ff.; Dubislav, Über die Definition, 1931[3]; Stegmüller, Gegenwartsphilosophie, 1969[4], 368 ff.; 611 ff.; ders., Fischer-Lexikon der Philosophie s.v. Wissenschaftstheorie, 334 ff.; von Freytag-Löringhoff, Logik, 1955[4], 46 ff.; Kamlah-Lorenzen, Logische Propädeutik, 1967, 77 ff.; Eckmann, Rechtspositivismus und sprachanalytische Philosophie, 1969, 101 ff. (zu Hart); Hempel, Fundamentals of Concept Formation in Empirical Science (Internat. Encyclopedia of Unified Science II 7, 1952), 2 ff.; Kalinowski, Introduction a la logique juridique, 1965, 48 ff.; s. auch den Band „Rechtstheorie" (ed. Jahr und Maihofer), 1971, vor allem die Aufsätze von E. v. Savigny, 315 ff. (320 ff.) und Klüver, 369 ff.

lösen[159]. So wird etwa bei dem Definitionsverfahren nach ***genus*** und ***differentia specifica*** der bei einer ontologischen Betrachtungsweise unvermeidliche ***regressus ad infinitum*** dadurch vermieden, daß man nicht die jeweilige Definition der zur Definition gebrauchten Begriffe verlangt, sondern sie durch Beispiele einführt[160]. Im übrigen sucht man die „Wesensdefinition" durch eine semantische oder eine von ihr nicht ganz klar abzuhebende empirische Analyse oder durch die Präzisierung des Wortes im Wege der Explikation zu ersetzen[161]. Dabei hält man im allgemeinen an der Regel fest, daß kein Teil des ***definiendum*** im ***definiens*** erscheinen darf[162]. Letztlich begnügt man sich auch mit der einfachen Regel, daß das ***definiens*** das ***definiendum*** nur in der für die jeweilige Situation erforderlichen Präzision wiederzugeben hat[163], wobei je nach Lage der Dinge Hinweise, Beispiele oder Beschreibung als Definitionsmittel in Betracht kommen. Simplifizierend lassen sich vielleicht als allgemeine Kennzeichen der modernen Definitionstheorie die Begriffe „Konventionalität" und „Operationalität" verwenden.

Betrachtet man unter diesen zugegebenermaßen recht vage formulierten Voraussetzungen die ciceronianische Definition durch ***divisio*** und ***partitio***, so ist eine Beantwortung der Frage, ob eine ordnungsgemäße Definition vorliegt, schon deshalb schwer möglich, weil das Kriterium für die Richtigkeit der Definition sich nur aus ihrer Funktion innerhalb einer bestimmten Situation ergeben kann. Da Cicero aber gerade einen von der konkreten Lage losgelösten Topoi-Katalog geben will, bleibt die Funktion und damit auch die „Richtigkeit" der jeweiligen Definition offen. Im übrigen haben wir gesehen, daß die Definition durch ***divisio*** an sich geeignet ist, den „Begriffsumfang" wiederzugeben. Voraussetzung einer kunstgerechten Definition des ***ius*** durch ***divisio*** wäre somit, daß ***lex, consuetudo*** und ***aequitas*** vollständig den Begriffsumfang von ***ius*** wiedergeben. Was die ***partitio*** betrifft, so könnte man an die Definitionsform der Einführung eines Begriffes durch Aufzählung von Beispielen denken. Konkret gesagt würde das bedeuten, daß der Begriff ***ius*** dadurch „definiert" wird, daß man auf die Beispiele: ***leges, plebisscita, senatus consulta*** etc. verweist.

Das Urteil bleibt also in der Schwebe. Zwar lassen sich ***divisio*** und ***partitio*** nach antiker Auffassung nur mit Mühe als Definitionen konstruieren. Wenn man nicht Ciceros bewußte Skepsis gegenüber allen Definitionsregeln in Rechnung stellt, könnte man ihm vorwerfen, daß er nicht immer „kunstgerecht" definiert. Die Großzügigkeit mindestens eines Teiles der modernen Auffassungen von der Definition erlaubt es aber, ihn von diesem Vorwurf wieder freizusprechen.

---

159 Immerhin wird auch in der Moderne die Trennung von Logik und Ontologie nicht immer scharf durchgeführt (s. nur Diemer, Fischer-Lexikon der Philosophie s.v. Ontologie, 210 f.); das ist vielleicht ein Indiz dafür, daß auch die sog. formale Logik ein bestimmtes ontologisches Fundament hat.

160 Dazu Kambartel, Erfahrung und Struktur, 1968, 161 ff.

161 S. nur Stegmüller, Fischer-Lexikon f. Philosophie, a.a.O.

162 Verbot des logischen Zirkels, das allerdings bei den impliziten Definitionen wieder durchbrochen wird (s. nur von Freytag-Löringhoff a.a.O. 57). Fraglich ist, ob sich bei der Einführung von Begriffen durch Gebrauch von Beispielen dieser Zirkel überhaupt vermeiden läßt.

163 Vgl. hierzu die Einwände Wittgensteins gegen das absolute Exaktheitsideal (s. Stegmüller, Gegenwartsphilosophie, 566 ff.).

IX. Die Vermengung von *divisio* und *partitio*

Wir haben in den vorangehenden Abschnitten das Auftreten der *partitio* (VII) und die Frage, ob *partitio* und *divisio* als Definition bezeichnet werden dürfen (VIII), erörtert. Im folgenden ist noch auf die eigentümliche Erscheinung einzugehen, daß *partitio* und *divisio* zwar theoretisch scharf auseinandergehalten werden können, daß aber die „diairetische" Praxis im weitesten Sinne diesem Unterschied nur geringe Bedeutung zuzumessen scheint.

Was die Theorie betrifft, so ist der Unterschied an sich klar. Die *divisio* teilt die Gattung in ihre Arten, die *partitio* ein Ganzes in seine Teile. Boethius etwa verdeutlicht – allerdings von einer bestimmten das Allgemeine über das Besondere stellenden metaphysischen Einstellung aus – den Unterschied folgendermaßen[164]: *quo fit ut si genus pereat, species quoque perimantur; si species intereat, maneat genus. Quod in partibus totoque contrarium est. Nam si pars quaelibet una pereat, totum necesse est interire; si vero totum quod partes iunxerant dissipetur, partes maneant distributae.* So stellt auch Cicero (top. 7.31; zitiert oben nach Anm. 66) fast etwas schulmeisterlich fest, daß diejenigen, die *formae (species)* und *partes* verwechselten, durch die Ähnlichkeit verführt, nicht scharfsinnig genug unterschieden.

Cicero deutet somit schon an, daß *divisio* und *partitio* in der Praxis häufig durcheinandergehen. Es liegt nahe, sich nicht allein mit der Begründung des fehlenden Scharfsinns zu begnügen, sondern weiter danach zu fragen, warum der Scharfsinn hier nicht angewandt wurde.

Das prominenteste Opfer seiner Kritik ist Cicero selbst gewesen. Es wurde bereits oft darauf hingewiesen, daß Cicero nicht nur die Ausdrücke *forma (species)* und *pars* promiscue gebraucht – was schon ein Indiz für die Verwechslung der Inhalte ist[165] –, sondern auch die Inhalte nicht scharf unterscheidet; eine eingehende Beweisführung erübrigt sich deshalb[166]. Es genügt das Zitat eines Textes der die – nicht nur sprachliche – Verwirrung besonders gut zeigt[167]. An der berühmten Stelle aus de orat. (1.42.187 ff.), wo Crassus von der Notwendigkeit spricht, die Jurisprudenz als *ars* zu konstituieren, erscheint als einer der erforderlichen Arbeitsgänge die Einteilung des Rechts in *genera* und *partes*, wobei aus dem Zusammenhang klar wird, daß unter *pars* die *species* zu verstehen

164 In top. p.1105; zitiert bei Riposati a.a.O. 66 A.5. Vgl. auch Oehler, Ant. Philosophie, u. byz. MA, 1969, 82 f.

165 Allerdings kein sicheres Indiz. So sagt Cicero etwa in top. 3.14, daß man der besseren Verständlichkeit wegen (*quo planius accipiatur*) von *pars* statt *forma (species)* eines *genus* sprechen darf.

166 S. etwa Prantl, Geschichte der Logik, 517 f.; Fuhrmann, Das systematische Lehrbuch, 58 ff.; Ormanni, Studi Betti IV, 597 mit Lit.; etwas anders Riposati, Topica . . . . 80 ff.

167 Vgl. auch Or. 33.117.

ist: (189) ... *Genus autem est id, quod sui similes communione quadam, specie autem differentes, duas aut plures complectitur partes.* Daß es hierbei wahrscheinlich um mehr geht als um eine ungenaue Terminologie, zeigt der weitere Text, wo die Bestandteile der *ars* nochmals zusammenfassend vorgetragen werden: (190) ... *ut omne ius civile in genera digerat, quae perpauca sunt, deinde eorum generum quasi quaedam membra dispertiat* ... Der Vergleich der *partes* mit den *membra*, das Auftreten des Schlüsselwortes *membrum:* beides spricht mit großer Sicherheit für eine Anspielung auf die *partitio*[168]. Es ist kaum daran zu zweifeln, daß Cicero hier *divisio* und *partitio* durcheinanderbringt. Wie bereits angedeutet, trifft aber dieser Vorwurf – wenn es ein solcher ist – nicht ihn allein.

Die Vermischung von *divisio* und *partitio* könnte man vielleicht als einen Geburtsfehler der diairetischen Methode bezeichnen. Sie findet sich schon bei dem Sophisten Prodikos, der als Erfinder dieser Methode genannt wird[169]. Von den Stoikern werden etwa die *mere* der Philosophie *topoi, eide* oder *gene* genannt und mit den Teilen des menschlichen Körpers verglichen[170]. Im übrigen zeigt ein Blick auf das reiche Material, das Fuhrmann für die Systematik der Lehrbücher der *artes* gesammelt hat, daß sowohl in den griechischen als auch in den lateinischen Lehrbüchern der Unterschied zwischen den *eide* und *mere*, den *species* und *partes* häufiger verwischt als beachtet wird[171].

Wir haben festgestellt, daß eine (intensivere) theoretische Betrachtung den Unterschied des *genos* vom *holon*, des *eidos* vom *meros* wohl erkennen konnte. Doch würde sich der Praktiker leichter tun, wenn er ein Faustregel-ähnliches Kriterium für den Unterschied in die Hand bekäme. Cicero nennt ein solches, nämlich das der Vollständigkeit der Einteilung[172]. Doch ist dieses aus zwei Gründen nicht besonders brauchbar: Einmal muß eine *divisio* immer vollständig sein; die *partitio* einer *res finita* soll es ebenfalls sein, bei einer *res infinita* wird auf das Erfordernis verzichtet. Damit befriedigt dieses Kriterium im Verhältnis der *divisio* zur *partitio* einer *res finita* nicht. Wichtiger ist der zweite Grund: Die antiken Schriftsteller gehen davon aus, daß *divisio* und *partitio* ihrem „Wesen"

168 S. nur nochmals Cicero, top. 5.28; 6.30.

169 S. von Fragstein, Die Diairesis bei Aristoteles, 1967, 81; vgl. Hermias, Schol. zu Plat. Phaedr. 267 b.

170 Diog. Laert. VII 39 f. – Ob auch der Entgegensetzung von *holon* und *meros* als dem Allgemeinen und dem Besonderen bei Aristoteles (s. Anal. pr. I 1.24 b; II 24.68 b; II 15.64 a; vgl. auch Ross in seinem Kommentar 487 f.) eine Unklarheit hinsichtlich des Verhältnisses von *genos* und *holon* zugrunde liegt, wage ich nicht zu entscheiden.

171 Eine Aufzählung erübrigt sich. Vgl. nur S. 19 (zur Rhet. ad Alex.), 48 f. (zum auct. ad Herr.), 73 (zu Varro). Vgl. auch Sen.ep.mor. 89.1 ff.

172 S. top. 7.31 und vor allem 8.33; vgl. Zitat oben nach A.66. Vgl. im übrigen auch de off. 1.3.10: ... *cum praeterire aliquid maximum vitium in dividendo sit* ...

nach verschieden sind[173]. Dagegen würde die Vollständigkeitsregel nicht das Wesen, sondern die Folgen des Unterschiedes von *divisio* und *partitio* demonstrieren.

Vielleicht wird die Verwechslungsgefahr verständlicher, wenn man sich klar macht, daß eine Diairese i.w.S. von ihrer syntaktischen Gestalt her nicht klar erkennen lassen muß, ob eine *divisio* oder eine *partitio* vorliegt. Der Gebrauch von Worten wie *dividere, pars* u.ä. ist nicht deutlich genug. Wenn wir beispielsweise die *divisio* und die *partitio* des *ius* vergleichen, wie sie Cicero kurz hintereinander in Top. 5.28 (*partitio*) und 7.31 (*divisio*) vorführt[174], so sehen wir, daß der Unterschied ein solcher der Perspektive ist. Das wird daran deutlich, daß man die für die *divisio* stehende Reihe: *lex, mos, aequitas* ohne weiteres in eine *partitio* umwandeln kann. Der perspektivische Unterschied liegt darin, daß man bei der *divisio* das *ius* als einen abstrakten Begriff ansieht, während man bei der *partitio* den Rechtskörper konkret betrachtet. Die umgekehrte Umwandlung der *partitio*-Reihe: *leges, senatus consulta* etc. in eine *divisio* ist weit schwieriger, mit einem allerdings recht komplizierten Definitionsapparat aber allenfalls noch möglich[175]. Das hier zum *ius* Ausgeführte läßt sich verallgemeinern: Während die Umwandlung einer *divisio* in eine *partitio* wohl stets möglich ist, dürfte die Umkehrung wohl meist ausgeschlossen sein. So ist sie etwa bei den *partes orationis* kaum denkbar. Dasselbe gilt von der *partitio* einer physikalisch gedachten Ganzheit (*holon*), von der sonst die Philosophen ihre Beispiele nehmen (s. oben bei Anm. 85). Im übrigen ist bei der Verwandlung einer *divisio* in eine *partitio* noch zu bemerken, daß die *partitio* einer *res finita* dieselbe Vollständigkeit haben soll wie die entsprechende *divisio*. Allerdings bleibt der Unterschied, daß bei der *divisio* die Vollständigkeit essentiell, bei der *partitio* akzidentiell ist.

Sind die bisherigen Ausführungen richtig, so könnte die – wie wir meinen – durch eine Aspektverschiebung stets mögliche Umwandlung der *divisio* in eine *partitio* auch noch den tieferen Grund der ständigen Verwechslungen enthüllen. Dazu müssen wir – wiederum kursorisch und hypothetisch – auf die Ausführungen zum ontologischen Charakter von Definition und Diairese zurückgreifen. In der hier nötigen Vereinfachung gesagt, könnte die Verwechslung beider Schemata durch das unklare Verhältnis von metaphysischen und empirischen Ansätzen bestimmt sein. Von der Empirie her liegt es näher, das Schema der *partitio* zu benutzen. Es wäre ein taugliches Mittel, die konkrete Wirklichkeit ohne metaphysische Absichten zu ordnen. Für den metaphysischen

173 Anders liegt es vielleicht, wenn man sie als Sprachspiele betrachtet, die verschiedenen Regeln folgen; s. unten A.185.

174 Text oben nach A.66.

175 Vgl. nochmals Cic. de inv. 2.22.65 ff. (Text oben bei A.39).

Aspekt, dem es daran liegt, das der Wirklichkeit zugrunde liegende hierarchische Gefüge zu erkennen[176], drängt sich das Schema der wesensmäßigen Aufteilung des Seins nach *genus* und *species* auf, das die Einheit von Logik und Realität zu verbürgen scheint[177]. Wie wir gesehen haben, versuchen Aristoteles und die Stoa mit Hilfe der Empirie zur Wesenserkenntnis zu gelangen[178]. Dabei ist es hier gleichgültig, daß die stoische Erkenntnistheorie, der die besondere Ausbildung der *partitio* zu verdanken ist, wohl eine stärkere Neigung zur Empirie hatte als die aristotelische. Wie die gegenüber der aristotelischen Logik stärkere Formalisierung der stoischen Logik[179] nicht zu völligen Ausschaltung ihrer ontologischen Momente führte, so gelangte auch die stoische Erkenntnistheorie nicht zur vollständigen Ausschaltung der Metaphysik[180]. Damit ließe sich vielleicht verstehen, daß das rein auf die Realität bezogene Schema der *partitio* und das zwischen Logik und Erkenntnistheorie schwankende Schema der *divisio* nicht scharf getrennt werden konnten. Eine Bestätigung hierfür ist es, daß das *genus-species*-Schema in der modernen Logik, die durch immer weitergehende Formalisierung bewußt die Trennung zur Erkenntnistheorie vollzogen hat, eine immer geringere Rolle spielt[181]. Eine im wesentlichen auf Konvention beruhende Definitionstheorie kann das *genus-species*-Schema, das den klassischen Realdefinitionen zugrunde lag, in der Regel entbehren. Damit ist nicht ausgeschlossen, daß es je nach Zweckmäßigkeit als Basis einer nominalen Definition verwendet wird.

Versucht man nach dem Gesagten – anders als die antike Theorie – *partitio* und *divisio* nach ihren Aspekten scharf zu trennen, so könnte man allenfalls daran denken, die *partitio* der Ontologie[182], die *divisio* der Logik zuzuweisen. Allerdings wird auch hier die für die antiken Unklarheiten mitursächliche Möglichkeit der Umwandlung der *divisio* in eine *partitio* durch Veränderung der

176 Zu Aristoteles vgl. nur Diemer, Fischer-Lexikon der Philosophie s.v. Ontologie, 215, 237. Zum Verhältnis von Logik und Ontologie s. auch von Fragstein a.a.O. 14; Kapp, RE IV A 1, 1046 ff. (1050 f.) s.v. Syllogistik.

177 Einwände gegen das darauf aufbauende deduktive System finden sich schon in der antiken Skepsis. S. Luk. Hermot. 75.

178 S. nur Windelband-Goedeckemeyer a.a.O. 181 f.; Bocheński, Formale Logik, 124.

179 S. nur Bocheński a.a.O.; Patzig, Fischer-Lexikon der Philosophie s.v. Logistik, 149.

180 Vgl. auch die Unklarheit über das Verhältnis von Empirie und Erkenntnis a priori in der stoischen Ethik. S. dazu Gould, Philosophy of Chrysippos, 196 ff. passim.

181 Vgl. nur Stegmüller, Fischer-Lexikon der Philosophie s.v. Wissenschaftstheorie, 334 f.; von Freytag-Löringhoff, Logik, 1955^4, 51. Damit dürfte zusammenhängen, daß der *genus*-Begriff durch den Klassenbegriff ersetzt wird; vgl. nur Kamlah-Lorenzen, Logische Propädeutik, 92.

182 Zum ontologischen Charakter des Verhältnisses: Ganzheit - Teil s. nur von Freytag-Löringhoff a.a.O. 38. Zum „Ganzheitsproblem" vgl. auch Popper, Elend des Historizismus, 1969^2, 61 ff.

Perspektive nicht ausgeschlossen. Anders ausgedrückt: Ohne daß man die Benennung der Teile ändert, kann man das logische Schema in ein ontologisches verwandeln. Betrachten wir etwa das für die *divisio* typische Schulbeispiel der Gattung „Lebewesen" mit ihren Arten (Mensch, Tier) und Unterarten, so kann durch bloße Änderung der Perspektive die Gattung als Ganzheit, etwa als Gesamtheit der auf der Erde weilenden Lebewesen, konkretisiert werden, die dann ihrerseits in ihre *partes* (Menschen–Tiere) zerfällt. Nimmt man die auch für die moderne Betrachtung ungelösten Schwierigkeiten hinzu, daß sowohl die Adäquatheit des (hier nominalistisch aufgefaßten) Schemas der *divisio* für die moderne Logik als auch die erkenntnistheoretische Basis für die Erfassung der Ganzheitsstruktur (*partitio*) zweifelhaft ist, so bleibt als Ergebnis, daß wir bei der Erkenntnis des Unterschiedes von *divisio* und *partitio* nicht sehr viel weiter sind, als es Cicero war. Das dürfte damit zusammenhängen, daß auch heute noch die keineswegs klare Relation von Logik und Ontologie die kategoriale Form der Fragestellung abgibt.

Um dieses recht unbefriedigende Ergebnis zu vermeiden, könnte man vielleicht den (etwas modischen) Versuch machen, die Frage auf allerdings recht vereinfachter linguistischer Ebene zu stellen[183]. Wendet man den Wittgenstein'schen Begriff des Sprachspiels an[184], so wäre das Verhältnis von *divisio* und *partitio* vielleicht folgendermaßen zu beschreiben: Die *divisio* und die *partitio* stellen jeweils verschiedene Spiele mit verschiedenen Spielregeln dar. Bei der *divisio* könnten sie etwa so lauten: Ein nicht auf ein Individuum hinweisendes Zeichen ist mit anderen Zeichen wiederzugeben (zu definieren). Dann sind andere Zeichen jeweils so zu definieren, daß ein Teil des Prädikats des ersten in ihrem Prädikat erscheint (Problem der Teilidentität). Eine andere Regel könnte lauten, daß die Bestandteile dieser zweiten Gruppe zahlenmäßig fixiert sein müssen (Problem der Vollständigkeit der *divisio*)[185]. Weitere Regeln wären zu erwägen. So könnte sich eine Regel etwa mit der

---

183 Ein allerdings auf Einzelaspekte beschränkter Versuch der Anwendung linguistischer Kategorien auf das römische Recht findet sich bei Carcaterra, Struttura del linguagio giuridico-precettivo romano, 1968. Das bisher Vorgelegte erlaubt noch kein Urteil über die Fruchtbarkeit dieses Ansatzes (vgl. auch die Besprechung Bunds, SZ 88, 1971, 424 ff.). Von anderen möglichen Einwendungen abgesehen scheint mir Carcaterra vor allem folgendes zu übersehen: Selbst wenn man die römische Rechtssprache als ein sprachliches System für sich (ähnlich einem Dialekte) ansieht – wofür es kein Richtigkeits-, sondern nur ein Brauchbarkeitskriterium gibt – so dürften für die Beschreibung dieser Sprache nur zwei Möglichkeiten existieren. Entweder man entwickelt eine eigene Beschreibungssprache (und so *ad infinitum*) oder man rekurriert auf die Umgangssprache. Anders ausgedrückt: Die notwendige Dialektik von Fachsprache und Umgangssprache scheint mir bei Carcaterra zu kurz gekommen zu sein. Es geht nicht an, die *lingua comune* mit der Fachsprache auf dieselbe Ebene zu stellen, da sie Sprache und letzte Metasprache zugleich ist. Gerade bei der Technik der Definition zeigt sich das besonders deutlich.

184 S. Philosoph. Untersuchungen I 7 passim; dazu etwa Stegmüller, Gegenwartsphilosophie, 589 f.

185 Von diesem Standpunkt aus – anders als vom „ontologischen" Standpunkt Ciceros (s.o. bei A.173) – ist die „Vollständigkeit" Regel, nicht Folge der richtig durchgeführten *divisio*.

Hierarchie zwischen den Zeichen befassen. Entsprechend wären die anders lautenden Regeln (s. etwa Nebeneinanderordnung, fehlende Vollständigkeit etc.) für die *partitio* aufzustellen. Sollen beide Verfahren – wie bei der Diairese i.w.S. – nicht auseinandergehalten werden, so würden einfachere Regeln genügen. Schließlich ist noch festzustellen, daß alle diese Regeln nicht explizit wiedergegeben werden müßten; vielmehr könnten sie sich aus dem Kontext ergeben.

Es soll keineswegs behauptet werden, daß mit dem eben Gesagten die für die *divisio* (oder die *partitio*) zu findenden Regeln in irgend einer Weise richtig wiedergegeben worden sind. Es ging mir vielmehr allein darum, einen Weg zu zeigen, der es vielleicht ermöglicht, das „Wesen" von *divisio* und *partitio* verständlich zu machen, ohne daß man gezwungen wäre, alle Tiefen und Untiefen der Logik und der Ontologie und ihrer Beziehungen zueinander auszuloten.

X. *Divisio* und *partitio* als Schemata der Rechtsquellenkataloge

Nach diesem langen Umweg über die antike Logik und Methodenlehre, der wenigstens dem Anscheine nach fast zum Selbstzweck geworden ist, wollen wir zu dem Problem der Rechtsquellenkataloge zurückkehren. Wir hatten gesehen, daß das Gewohnheitsrecht in den philosophisch-rhetorischen Katalogen genannt wird, daß es weiterhin in Rechtssetzungsakten der Republik und des Prinzipats erscheint und daß schließlich selbst die Juristen einzelne Rechtsinstitute auf das Gewohnheitsrecht zurückführten. Die beiden zuletzt genannten Tatsachen müßten an sich bereits zum Nachweis dafür genügen, daß den Juristen das Gewohnheitsrecht als Rechtsquelle bekannt war. Allerdings besteht dann immer noch das Problem seines Fehlens in den juristischen Rechtsquellenkatalogen. Mir scheint, daß dieses Problem durch die Ausführungen zur *partitio* und zur *divisio* geklärt ist.

Es ist ein glücklicher Zufall, daß Cicero in der Topik (5.28 und 7.31) den Unterschied von *partitio* und *divisio* am Recht erklärt[186]. Als *partitio* erscheint die Reihe: *leges, senatus consulta, res iudicatae, iuris peritorum auctoritas, edicta magistratuum, mos, aequitas,* als *divisio* die Reihe *lex, mos, aequitas.* Daß das erste Beispiel die Regeln der *partitio* im technischen Sinne erfüllt, liegt auf der Hand. Die Rechtsordnung (hier des römischen Staates) wird beschrieben durch die Aufzählung ihrer Teile. Ob die *divisio* „wirklich" eine divisio ist, läßt sich aus dem Wortlaut der Reihe allein nicht entnehmen; entscheidend wäre die Definition der Einzelglieder des *genus-species*-Schemas. Doch zeigt der Kontext deutlich, daß hier eine *divisio* im technischen Sinne „gemeint" ist.

Vergleicht man hiermit die Kataloge der Juristen, so zeigt sich, daß bei ihnen das Schema der *partitio* überwiegt. Eine Ausnahme ist einmal die Teilung des Rechts in *ius scriptum* und *non scriptum* durch Ulpian 1.1.6.1[187]; doch wird diese *divisio* – soweit der Text darüber eine Aussage erlaubt – nicht weiter ausgeführt[188]. Erst Justinian hat in seinen Institutionen (1.2.3 ff.) die ulpianische *divisio* der gaianischen *partitio* übergepfropft und damit das offene System der *partitio* in das geschlossene System der *divisio* eingebaut. Eine weitere Ausnahme könnte auch im Katalog des Papinian stecken[189]; denn der Wortlaut

186 Text oben nach A.66.

187 Vgl. den Text oben bei A.20.

188 Die Verwendung des Wortes „constat" in 6.1, das – wie etwa Gai. 1.2 zeigt – eher für eine *partitio* paßt, während die *divisio* besser durch ein Wort wie etwa *„dividere"* wiederzugeben wäre (s. auch Carcaterra, Definizioni, 194 A.10), könnte einen holistischen Einschlag der *divisio* zeigen. Daß es sich aber um eine echte *divisio* handelt, zeigt die Disjunktion (aut–aut). Außerdem wird auch die *divisio* in Cic. de inv. 2.22.65 durch *constare* eingeleitet.

189 Vgl. den Text nach A.24.

spricht dafür, daß die Oberbegriffe: *ius civile* und *ius honorarium* eine *divisio* darstellen, während die dem *ius civile* untergeordneten Rechtsquellen dem Schema der *partitio* folgen. Schließlich beginnt auch Gaius (1.1) seinen Überblick über die Rechtsquellen mit einer *divisio* des *ius* in *ius civile* und *ius gentium*. Sieht man von dieser – in der Regel recht abstrakten – Anwendung der *divisio* ab, so benutzen die Juristen dann, wenn sie konkret werden, das Schema der *partitio*.

Allerdings zeigten sich nicht nur im Verhältnis der juristischen Kataloge zueinander (kleinere) Unterschiede[190], sondern der Katalog Ciceros hat auch, wie die Aufnahme des Gewohnheitsrechts, der *res iudicata* und der *aequitas* zeigt, recht auffällige Besonderheiten[191]. Dasselbe gilt auch vom auct. ad Herr. 2.13.19 ff., der folgende *partitio* aufstellt: *natura, lex, consuetudo, iudicatum, aequum et bonum* (d.h. wohl vor allem das prätorische Edikt), *pactum*[192]. Eine eingehende Begründung dieser Besonderheiten wäre bei einer Darstellung der historischen Entwicklung der römischen Rechtsquellen im ganzen notwendig, ist an dieser Stelle aber überflüssig. Sieht man einmal davon ab, daß diese Besonderheiten sich aus der Rechtsentwicklung der zwei bis drei Jahrhunderte ergeben können, die zwischen den Katalogen liegen[193], sieht man auch von der (allerdings noch beweisbedürftigen) Möglichkeit ab, daß ein Teil der Kataloge – wie Cicero sagen würde (top. 8.33) – *inscienter* verfaßt wurde, so bietet sich eine Erklärung der Unterschiede durch Berücksichtigung der die *partitio* beherrschenden Regeln an. Während eine *divisio* sämtliche zur Gattung gehörende Arten nennen muß, da jede Gattung gleichsam logisch und ontologisch durch ihre Arten definiert wird, ist bei der *partitio* zu unterscheiden: Wäre das *ius* eine *res finita*, so würde das Fehlen einzelner partes einen Kunstfehler darstellen[194]. Im anderen Falle wäre es nach Seneca (ep. mor. 89.1 ff.) sogar fehlerhaft, wenn

190 S.o. nach A.25 ff.

191 Nicht weiter auffällig ist das Fehlen des *plebiscitum* bei Cicero. Vgl. die (kritisch erörterte) Definition der *lex* durch Capito bei Gell. 10.20.1 ff.

192 Vgl. nochmals die Ansätze zu diesen Katalogen in der Rechtssetzung oben II.

193 Das gilt etwa für das Fehlen der Kaiserkonstitutionen in den älteren Katalogen, vielleicht auch für das Fehlen der *aequitas* bei den Juristen (stärkere Integrierung in edicta und Kaiserrecht?). Zu den *res iudicatae* s. nur Kaser, Röm. Zivilprozeßrecht, 1966, 294 f.; jetzt vor allem Crifò BIDR 71, 95 f.

194 Ein hier nicht zu erörterndes, bis in die Neuzeit diskutiertes „ontologisches" Problem ist es, ob die *partitio* „ihrem Wesen gemäß" überhaupt abgeschlossen sein kann. Chrysipp (Diog. Laert. VII 50) würde wohl eine verneinende Antwort geben. Vgl. hierzu etwa den platonischen Dialog Parmenides; Arist. Physik 206a, 16 ff.; StVF II 482 ff. (dazu Gould, Philosophy of Chrysippus, 116 ff.); Plut. de com. not. 28.1 ff.; Epikur, ad Herod. 39 ff. (Diog. Laert. X 39 ff.). S. im übrigen auch die 2. Kant'sche Antinomie (zu ihr etwa Hegel, Enzyklopädie I § 100).

allzuviele und allzukleine *partes* aufgeführt würden[195]; es genügte vielmehr die Aufzählung wohl der wichtigsten *partes*.

Zumindest nach Cicero dürfte das *ius* eine *res infinita* sein. Das wird von ihm zwar nur an anderer Stelle und in anderem Zusammenhang gesagt[196], ergibt sich für unser Problem aber mit großer Wahrscheinlichkeit daraus, daß er Rechtsquellen, die er anderswo als solche nennt[197], in der Topik unterschlägt. Wie bei den von Cicero selbst genannten Stipulations- und Prozeßformeln (top. 8.33) ist es also auch bei der *partitio* des *ius* erlaubt, *praetermittere aliquid*. Zwar unterläßt es Cicero zu sagen, nach welchen Kriterien einzelne *partes* unterschlagen werden dürfen. Da es – wie seine eigene *partitio* zeigt – nicht recht wahrscheinlich ist, daß er eine beliebige Auswahl der *partes* für berechtigt hielt, muß man wohl auch für ihn die Kriterien Senecas (s.o.) gelten lassen. Daraus folgt, daß praktisch die Wichtigkeit der *pars* für das Ganze das Auswahlkriterium ist. Aber selbst wenn man – wie es Neraz 22.6.2 in einem anderen Kontext (Zurechenbarkeit des Rechtsirrtums) tut[198] – das Recht als *finitum* bezeichnete, würde die fehlende Vollständigkeit nur einen Kunstfehler darstellen, nicht aber die Struktur der *partitio* berühren.

Betrachtet man die Kataloge der Juristen unter dem Gesichtspunkt der *res*

---

195 . . . *quas innumerabiles esse et parvulas non oportet. Idem enim vitii habet nimia quod nulla divisio.* Vgl. auch 89.17. Daß Seneca die *partitio* eine *divisio* nennt, ist nach dem Gesagten nicht auffällig.

196 de leg. 2.7.18: *Leges autem a me edentur non perfectae – nam esset infinitum – sed ipsae summae rerum atque sententiae.* Mehr als eine Andeutung ist es wohl nicht; denn primär geht es hier um die sprachliche Formulierung der Gesetze (s. dazu Pascucci, Studi it. fil. class. 40, 1968, 1 ff. (6)). Dagegen verweist er in de leg. 1.4.14 (*quid est tantum quantum ius civitatis?*) ausdrücklich auf die Menge des Rechtsstoffes; vgl. im übrigen auch Ciceros Kritik in de leg. 2.19.47. Dagegen scheint Crassus mit zweifelnder Zustimmung des Antonius (bei Cic. de or. 2.19.83 f.) ein geschlossenes Rechtssystem für möglich zu halten.

197 Vgl. nur de inv. 2.22.65 ff., wo noch das *pactum*, oder part. orat. 37.129 f., wo noch das *foedus*, die *tabulae* und die *stipulatio* genannt werden. – Etwas anders jetzt Crifò (a.a.O. 87).

198 22.6.2: *In omni parte error in iure non eodem loco quo facti ignorantia haberi debebit, cum ius finitum et possit esse et debeat, facti interpretatio plerumque etiam prudentissimos fallat.* – Vgl. zu diesem Text etwa Mayer-Maly, Rechtskenntnis und Gesetzesflut, 1969, 55 f. (mit Lit.); ders. AcP 170, 1970, 139. Wenn man mit Mayer-Maly bei der Auslegung des „*finitum*" auf die Klarheit und Schlüssigkeit, nicht so sehr auf die Abgegrenztheit des *ius* abstellt, so berührt die Stelle unser Problem nur am Rande. Wie die Bemerkung des Aristoteles (Eth. Nik. V 14.1137 b, 29 f.) zum Verhältnis: Nomos – Lebenswirklichkeit zeigt (*τοῦ γὰρ ἀορίστου ἀόριστος καὶ ὁ κανών ἐστιν.*), könnte es sich hier um eine tradierte Problemstellung handeln. – Zum *ius humanum* als notwendig *infinitum* (im Gegensatzu zu den *res divinae*) bei Justinian (Const. Tanta § 18) Mayer-Maly a.a.O.; Archi, SZ 87, 1970, 24 ff.; ders., Giustiniano legislatore, 1970, 141 ff.; Horak, Index 2, 1971, 130.

infinita, so wird verständlich, warum das Gewohnheitsrecht in den Katalogen fehlt[199]. Wie die Belege aus den Juristenschriften zeigen, war es den Juristen zwar als Rechtsquelle bekannt. Seine Bedeutung in dieser Funktion war aber verhältnismäßig gering, da es in der Regel erst durch seine Transformation in andere Rechtsquellen, vor allem in das Edikt oder in die *responsa*, aktualisiert wurde[200]. Daher durfte es in einer auf die wesentlichen Rechtsquellen abstellenden Liste fehlen. Seine Unterdrückung im Katalog wäre somit nicht einmal ein Kunstfehler.

Gegen diese Beweisführung könnte eingewandt werden, daß man den Juristen Begriffskategorien (*divisio* und *partitio*) unterschiebt, von denen sie vielleicht überhaupt keine Kenntnis hatten. Sehen wir vorerst von dem Problem ab, ob die Anwendung dieser Kategorien zur Interpretation der Juristentexte von der Kenntnis der Juristen abhängt, so ist es doch durchaus möglich, daß wir eine solche – wenn auch wie bei den meisten antiken Autoren eher verschwommene – Kenntnis voraussetzen dürfen.

Ein nicht ganz unbeachtliches Indiz dafür, daß die Juristen die mit der *partitio* verbundenen Probleme gekannt haben, ist das von philosophischen Elementen (eher negativ) beeinflußte Bestandteilsrecht, das schon den *veteres* Gelegenheit zur Erörterung des *pars-totum*-Problems gab[200a]. Doch kann an dieser Stelle darauf nicht eingegangen werden[201]. Im übrigen ist festzustellen, daß die Juristen sich zur „Systematisierung" sowohl der *divisiones* als auch der *partitiones* bedienten. Allerdings läßt es sich bei ihnen häufig ebensowenig mit Sicherheit feststellen, welches Schema sie im einzelnen anwenden wollen, wie bei den Rhetoren.

Für die *divisiones* bei Gaius sind Belege wohl überflüssig[202]. Doch finden sich bei ihm auch deutlich als solche erkennbare *partitiones.* Ein besonders klares Beispiel ist seine Gliederung der *formula*, die man zur philosophisch-rhetorischen

---

199 Auf das Fehlen anderer *partes* soll hier nicht eingegangen werden; vgl. nur A.197.

200 S. etwa Schmiedel, Consuetudo . . . 15.

200a Paul. 50.16.25.1: *Quintus Mucius ait partis appellatione rem pro indiviso significari: nam quod pro diviso nostrum sit, id non partem, sed totum esse, Servius non ineleganter partis appellatione utrumque significari.* Vgl. auch Pomp. 41.3.30.

201 Vgl. dazu Kaser, Röm. Privatrecht I^2, 383 (mit Lit.), sowie Holthöfer, Sachteil und Sachzubehör im römischen und gemeinen Recht, 1972, 18 ff. und Horak, Rationes Decidendi I, 1969, 230.

202 Zu den Definitionen bei Gaius s. nur Martini, Definizioni, 205 ff.; zum Gaius-System etwa Fuhrmann, Das systematische Lehrbuch, 104 ff.; 183 ff.; Villey, Recherches, 48 ff.; Mette, Ius civile . . . passim; Wieacker, SZ 70, 1953, 93 ff.; Kaser ebenda, 127 ff.; ders. Atti II. Congr. Int. SISD Venedig, 1968, 31 f. passim, jeweils mit Lit.; vgl. jetzt auch Diosdi, Ét. Macqueron, 1970, 229 ff. Allgemein zu den *divisiones* und *partitiones* bei den Juristen auch Schmidlin, Die römischen Rechtsregeln, 1970, 186 ff. (vgl. dazu aber D. Nörr, Spruchregel u. Generalisierung (X 3) (erscheint in SZ 89, 1972)).

Satzteillehre (μέρη λόγου)[203] in Parallele setzen könnte; dabei bleibe dahingestellt, ob Gaius durch diese zu seiner Darstellung der *formula* angeregt wurde (Inst. 4.39): *Partes autem formularum hae sunt: demonstratio, intentio, adiudicatio, condemnatio.* Hier ist offensichtlich das Schema der *partitio* verwendet, das sich deutlich von der *divisio* etwa der *iudicia* in ihre Arten: *iudicia legitima* und *quae imperio continentur* (4.103) abhebt. Obwohl die *formula* kaum eine *res infinita* ist, gibt Gaius eine nicht vollständige *partitio*. Das zeigen die später (4.115 ff.) erörterten *exceptiones* und *praescriptiones*. Dabei kann hier unerörtert bleiben, ob es für die anfängliche Nichterwähnung dieser Teile Gründe gegeben hat[204].

Der Nachweis, daß Gaius *partitiones* verwendet, ist leichter zu führen als der Nachweis, daß er sie bewußt verwendet. Kein Argument gegen eine Kenntnis des Unterschiedes ist die auch bei den Rhetoren zu beobachtende Unsicherheit, ob im Einzelfall eine *partitio* oder eine *divisio* vorliegt. Ein starkes Indiz für seine Kenntnis ist die Einführung zum 12-Tafel-Kommentar; dort vergleicht er den Aufbau seines Werkes mit dem Aufbau einer Rede[205] und trägt seine

203 Dazu etwa Fuhrmann a.a.O. 29 ff.

204 Professor Kunkel weist mich darauf hin, daß die Vorlage des Gaius hier von *actiones* gesprochen haben könnte; das würde die Auslassung von *exceptio* und *praescriptio* erklären. – Andere mögliche Beispiele für *partitiones*: Gai.1.39, 2.86, 3.182.

205 1.2.1: *Facturus legum vetustarum interpretationem necessario prius ab urbis initiis repetendum existimavi, non quia velim verbosos commentarios facere, sed quod in omnibus rebus animadverto id perfectum esse, quod ex omnibus suis partibus constaret: et certe cuiusque rei potissima pars principium est. deinde si in foro causas dicentibus nefas ut ita dixerim videtur esse nulla praefatione facta iudici rem exponere: quanto magis interpretationem promittentibus inconveniens erit omissis initiis atque origine non repetita atque illotis ut ita dixerim manibus protinus materiam interpretationis tractare? namque nisi fallor istae praefationes et libentius nos ad lectionem propositae materiae producunt et cum ibi venerimus, evidentiorem praestant intellectum.* – Eine genauere Analyse der Stelle aus philosophischer, rhetorischer und historiographischer Sicht würde sich wohl lohnen. Vgl. zu ihr etwa Honoré, Gaius, 1962, 105 f.; Maschi, Diritto Romano I (Prosp. stor.), 1966, 132 ff.; Guizzi, Aspetti Giuridici del sacerdozio romano I, 1968, 16 ff.; Lauria, Iura Leges I (Acad. Napoli 1970), 29 f.; Archi, SZ 87, 8 A.8 mit Lit. – Für den philosophischen Ansatz verweist Honoré auf Aristoteles (Pol. 1252a, Metaph. IV 16, 1021 b). Zur Schwierigkeit und Bedeutsamkeit von Ursprung und Anfang allgemein s. Klemens v. Alex., Stromata V 81.4. Zur rhetorischen Theorie und Praxis s. etwa Rhet. ad Alex. 29.214; Arist. Rhet. III 14, 1414 b; Quint. inst. 1.pr.5; 4.1.1 ff.; vgl. auch Volkmann, Rhetorik der Griechen und Römer, 1885, 127 ff. und Lausberg, Handbuch der lit. Rhetorik, 1960, § 263 f. Zu den von der Rhetorik abhängigen historiographischen Theorien s. etwa Lukian, quom. hist. conscr. 23, 52; s. dazu Janson, Latin Prose Prefaces, 1964, 65 ff. und die Anspielung bei Pomp. 1.2.2 pr. Die Worte *illotis manibus* u.ä. sind ein beliebter Topos; vgl. nur Plautus, Poen. 316; Liv. 29.10; Gell. 1.9.8.; Diog. Laert. I 43; Lukian, Demonax 4, Rhet. Praec. 14, Pseudolog. 4; Macrob. sat. 1.24.12. Zu ihrer Herkunft aus der religiösen Sphäre s. etwa a. Otto, Sprichwörter der Römer 1890, 212; vgl. im übrigen auch Brissonius, de formulis, 3 ff.

Beobachtung vor, daß überall nur dasjenige perfekt sei, das aus allen seinen *partes* besteht, wobei das *principium* die *potissima pars* sei[205a]. Solche Worte können wohl nur einem rhetorisch gebildeten Kenner der *partitio*-Lehre zugeschrieben werden. Auffällig ist auch die Art, wie er die Institutionen deutlich mit einer *divisio* des Rechts allgemein beginnt, um dann zu einer *partitio* der konkreten römischen Rechtsordnung fortzuschreiten[206]. Im übrigen spricht für seine Kenntnis auch die in seinen Schriften, vor allem in den Institutionen, stets zu beobachtende Beherrschung der gängigen dialektischen Verfahrensweisen[207].

Eine eingehende Untersuchung der *divisio* und *partitio* bei Pomponius und Papinian soll hier nicht vorgenommen werden, da sie vernünftigerweise im Rahmen einer Analyse ihrer jeweiligen juristischen Methode durchzuführen wäre. Doch ist anzunehmen, daß auch sie nicht nur die dialektischen Methoden anwandten, sondern auch theoretisch beherrschten[208]. Ein Beispiel für Pompo-

205a Ähnlich – wenn auch differenzierter – Quint. 10.1.4: *Sed ut perveniri ad summa nisi ex principiis non potest, ita procedente iam opere minima esse quae prima sunt.*

206 S. Inst. 1.1 (mit großer Wahrscheinlichkeit richtig nach den Institutionen Justinians ergänzt): *Omnes populi qui legibus et moribus reguntur, partim suo proprio, partim communi omnium hominum iure utuntur.*

207 Über die Verwendung des *genus*-Begriffes durch Gaius s. nur Martini, Synt. Arangio-Ruiz I, 462 ff.; Ormanni, Studi Betti IV, 596 ff. Ein Beispiel für die Benutzung des *genus*-Begriffes durch Cicero an einer Stelle, wo eine dogmatische Diairesis-Lehre an sich *species* oder *pars* erwarten müßte, ist etwa de inv. 2.22.67.

208 Selbstverständlich benutzen auch die anderen Juristen *divisiones* und *partitiones*; s. dazu nur Schmidlin a.a.O. – Besonders schön ist die Erörterung der Besitzarten bei Paulus (41.2.3.21), wo es – mit der üblichen Kontamination der *divisio* und der *partitio*, zugleich aber mit Anspielung auf die (bei Cicero genannte) Unvollständigkeitsregel heißt: ... *et in summa magis unum genus est possidendi, species infinitae.* Die Vorliebe gerade des Paulus, aber auch Ulpians für Einteilungen ist bekannt. Hier nur einige eher willkürlich herausgegriffene Beispiele: Paul. 12.5.1 pr (*condictio ob rem*); 12.6.65 pr (*repetitio*; dazu etwa J.G. Wolf, Causa condictionis, 1970, 34 A.4); 19.5.5 pr (*do ut des*-Schema; s. auch 39.6.35.3; vgl. auch den hier weniger schematischen Ulpian in 2.14.7.2); 29.7.8 pr (*codicilli*); 38.10.10.4 (*cognati* – *agnati*); 44.1.20 (*exceptiones*); 50.16.79 (*impensae*; dazu etwa Niederländer, SZ 75, 1958, 201 ff.); 50.16.142 (*coniunctio*; s. zu den hiermit zusammenhängenden Problemen Miquel, SZ 87, 1970, 90 ff.); Paul. Sent. 5.4.6 ff. (*actio iniuriarum*; dazu Liebs, Index 1, 1970, 151 f.). Ulpian 1.3.41 (*ius*); 2.14.5, 7 (*conventio*; eine nicht ganz sauber durchgeführte *divisio*); 25.1.1.4; 14 (*impensae*); 43.1.1 (*interdicta*); 44.7.25 (*actiones*); 46.5.1 (*stipulationes*); 48.19.6.2; 8 pr (*poenae*). S. im übrigen etwa auch Ven. Sat. 48.19.16 (*delicta* und *poenae*); Call. 50.13.5 (*cognitiones*; s. dazu nur Luzzatto, Studi Volterra II, 751 f.; Bonini, I libri de cognitionibus, 1964, 31 ff. mit Lit.). Zu prüfen wäre vielleicht, inwieweit sowohl bestimmte juristische Epochen als auch einzelne Juristen durch die Verwendung solcher Einteilungen charakterisiert werden können. Zu Proculus s. nur Krampe, Proculi epistulae, 1970, 61 ff. passim, zu Servius Sulpicius Cicero, Brutus 41 ff., 152 ff. (z.St. zuletzt M. Fuhrmann, Symp. Wieacker, 1970, 96 f.).

nius wäre etwa 46.3.107[209], wo er die Gattung: „Erlöschen einer Stipulationsschuld" durch *divisio* erst in ihre *species*, die *species* dann durch *partitio* in *partes* zerlegt: *Verborum obligatio aut naturaliter resolvitur aut civiliter: naturaliter veluti solutione aut cum res in stipulationem deducta sine culpa promissoris in rebus humanis esse desiit: civiliter veluti acceptilatione vel cum in eandem personam ius stipulantis promittentisque devenit.*

Was Papinian betrifft, so weist ihn etwa das Fragment 48.19.41 als bewußten Anwender des *genus-species*-Schemas selbst dann aus, wenn man (was nicht unbedingt notwendig ist) den zweiten Satz des Fragments für interpoliert hält[210]: *Sanctio legum, quae novissime certam poenam irrogat his, qui praeceptis legis non obtemperaverint, ad eas species pertinere non videtur, quibus ipsa lege poena specialiter addita est. nec ambigitur in cetero omni iure speciem generi derogare, nec sane verisimile est delictum unum eadem lege variis aestimationibus coerceri.*

Dazu kommt, daß – wie gerade neuere Forschungen wieder deutlich gemacht haben[211] – sowohl Pomponius als „Rechtswissenschaftler" als auch Papinian als rhetorisch ausgebildeter Praktiker[212] für philosophisch-rhetorische Einflüsse besonders empfänglich waren. Die Vermutung, daß ihnen *divisio* und *partitio* auch theoretisch geläufig waren, kann somit eine Reihe von Argumenten vorweisen.

Schließlich wäre es denkbar, in der Existenz der juristischen Rechtsquellenkataloge als solcher ein gewisses Indiz für die Abhängigkeit der hier interessierenden Juristen Gaius, Pomponius und Papinian von philosophisch-rhetorischen Vorbildern zu sehen. Denn bekanntlich waren die römischen Juristen auf dem

---

209 Weitere Beispiele mit *divisiones* und *partitiones*: 44.7.56; 41.2.25; 45.1.5 pr (dazu Wieacker, Textstufen, 329 f. und Luzzatto, Studi Volterra II, 695 ff. mit Lit.). Vgl. auch die Erwähnung der *partes iuris* in 1.2.2.5 und die berühmte Erörterung der Bestandteilslehre in D.41.3.30. Man könnte sogar daran denken, in der Bemerkung des Pomponius zur großen Zahl der *stipulationes conventionales* in 45.1.5 pr (. . . *quarum totidem genera sunt, quot paene dixerim rerum contrahendarum* . . .) eine Erinnerung an die Behauptung Ciceros (top. 8.33; zit. o. nach A.66) über die Unendlichkeit der *formulae stipulationum* zu finden.

210 Lit. im Ind. Interp. – Vgl. auch Pap. 50.17.80: *In toto iure generi per speciem derogatur et illud potissimum habetur, quod ad speciem derectum est.*

211 Zu Pomponius nochmals Bretone, Labeo 11, 1965, 7 ff., vor allem 22; zu Papinian Nörr, Die Entstehung . . , 36 f., 75.

212 Vgl. auch seine berühmte Definition des Rechts in 1.3.1: *Lex est commune praeceptum virorum prudentium consultum, delictorum quae sponte vel ignorantia contrahuntur coercitio, communis rei publicae sponsio.*

Gebiet der allgemeinen Rechtslehre nicht gerade originell[213]. Doch ist gegenüber dieser Vermutung eine gewisse Vorsicht am Platze. Zwar ist es richtig, daß der Katalog Ciceros[214] mit den späteren juristischen Katalogen verwandt ist. Es darf aber einmal nicht vergessen werden, daß sein Katalog zwei Jahrhunderte älter ist als die juristischen Kataloge[215]. Zum anderen liegt es gar nicht so fern, an eine gemeinschaftliche Basis aller auf dem Schema der *partitio* beruhenden Kataloge zu denken. Diese könnte in der römischen Gesetzgebung (i.w.S.) oder, besser gesagt, im Stil der römischen Gesetzgebung gefunden werden. Wir haben oben[216] Ansätze zu den Katalogen in der Form der *partitio* zum Teil schon in der republikanischen Gesetzgebung festgestellt. Sowohl Cicero als auch die Juristen konnten diese Ansätze als Material für ihre Kataloge verwenden. Vor allem aber ist das Prinzip der Reihung, das den Katalogen Ciceros sowohl als auch der Juristen zugrunde liegt, nicht nur der römischen Gesetzessprache eigentümlich[217], sondern das einfachste, um nicht zu sagen: das primitivste Ordnungsprinzip überhaupt. Wenn Cicero den Rechtsquellenkatalog als *partitio* bezeichnete, so ordnete er nur ein längst bestehendes Schema einem mehr oder weniger passenden philosophischen Begriff unter, schuf das Schema aber als solches nicht neu[218].

Damit erhält aber die Frage danach, ob die Juristen bei ihrer Aufstellung der Kataloge bewußt die *partitio* anwandten, einen neuen Aspekt. Wenn wir auch glaubten, starke Indizien dafür gefunden zu haben, daß ihnen, vor allem aber dem Gaius, der Unterschied von *partitio* und *divisio* bekannt war, so könnte es wegen der stark traditionellen Elemente der Kataloge zweifelhaft sein, ob sie sich gerade bei der schriftlichen Niederlegung der Kategorie der *partitio* bewußt waren. Dieser Zweifel ist sicherlich nicht behebbar. Könnte damit unsere

---

213 Es braucht hier nur auf die philosophisch-rhetorischen Abkömmlinge in Dig.1.1 hingewiesen zu werden; s. nur Schmidlin a.a.O. 173 ff.; Schulz, Geschichte der römischen Rechtswissenschaft, 159 ff.; StVF III 308 ff. Ein weiteres Beispiel wäre Ulp. 50.13.1.4 f.; vgl. die Parallelen aus der Rhetorik bei Dahlmann in „Rhetorica" (ed. Stark) 1968, 473 ff. Die philosophisch-rhetorische Bildung Ulpians wurde zuletzt eingehend von Frezza, SDHI 34, 1968, 363 ff. erörtert.

214 top. 5.28 (Text oben nach A.66). In gewissem Sinne gilt das auch von dem Katalog des auct. ad Herr. 2.13.19 (zitiert o. bei A.46), wenn dieser auch doktrinärer ist und trotz der Beispiele aus dem römischen Recht diesem fremder gegenüberzustehen scheint.

215 Selbst wenn man unterstellt, daß die Stoa derartige Kataloge entwickelt hat (vgl. oben A.33), liegt deshalb auch eine Abhängigkeit der Jurisprudenz von der stoischen Philosophie – etwa über die Panaitios-Schüler unter den *veteres* (vgl. F. Schulz, Geschichte . . ., 74) – recht fern.

216 S. oben II und V.

217 S. nur Kaser, Festschrift F. Schulz II, 35 ff.

218 Das schließt nicht aus, daß Cicero einzelne „Rechtsquellen" als erster in die Kataloge hineingebracht hat.

Behauptung erschüttert werden, daß die fehlende Aufnahme des Gewohnheitsrechts sich mit den Regeln der *partitio* rechtfertigen läßt und daß sein Fehlen in den Katalogen deshalb kein wesentliches Argument gegen seine Anerkennung als Rechtsquelle darstellt?

Nach meiner Auffassung ist diese Frage zu verneinen. Wir kommen hier zu dem in der Einleitung angesprochenen dritten, von der historischen Situation abgelösten methodischen Aspekt. Die Kategorie der *partitio* ist in ihrer Existenz unabhängig von ihrer theoretischen Erfassung. Um den linguistischen Vergleich mit dem Sprachspiel nochmals zu verwenden: Wie ein Sprachspiel gespielt wird, ohne daß die Sprechenden sich seiner Regeln bewußt sind – ein solches Bewußtsein wird nur in Grenzfällen vorhanden sein –, ebensowenig muß derjenige, der ein Ganzes verbal in Teile zerlegt, sich dessen bewußt sein, daß er damit eine *partitio* vollzieht. Das zeigt schon die Banalität, daß die Praxis sich der „*partitiones*" bediente und noch bedient, ohne daß über ihre Grundsätze reflektiert werden muß[219]. Für die Regeln der *partitio* gilt das gleiche wie für Regeln des Syllogismus, die unabhängig von ihrer bewußten Anwendung und theoretischen Erfassung praktiziert werden. Daraus folgt aber, daß die – wenigstens für die *partitio* der *res infinita* – qua definitione geltende Regel der nicht notwendigen Vollständigkeit bei jeder Anwendung dieses Verfahrens gilt, gleichgültig ob sie als solche (schon) formuliert war. Für unser Problem ergibt sich daraus die Konsequenz, daß wir an sich die Frage nach der bewußten Anwendung der *partitio* nicht unbedingt hätten stellen müssen. Wenn die Rechtsquellenkataloge im Verfahren der *partitio* hergestellt wurden, dann unterliegen sie auch der „Unvollständigkeitsregel", dann ist das Fehlen einer unwesentlichen *pars* kein wirksames Indiz für seine fehlende Existenz. Auch bei unbewußter Anwendung der *partitio* brauchen wir also das Gewohnheitsrecht nicht aus der römischen Rechtsquellenlehre zu streichen.

219 Vgl. auch Ostwald bei Dilthey u.a., Systematische Philosophie 1907^2, 154: Reihung als einfachste Form der Ordnung.

XI. Ergebnisse und Folgerungen

Versuchen wir abschließend die Ergebnisse zusammenzufassen und einige Folgerungen zu ziehen.

Das Fehlen des Gewohnheitsrechts in den Rechtsquellenkatalogen der Juristen bringt keinen Beweis dafür, daß die römischen Juristen das Gewohnheitsrecht nicht als eigene Rechtsquelle anerkannten. Die Grundsätze der besonderen diairetischen Methode der *partitio* sind geeignet, dieses Fehlen zu erklären. Die Aufteilung einer als Ganzes gedachten, in eine unmittelbar nicht zu übersehende Zahl von Gliedern zerfallenden Einheit, hier des *ius*, braucht ihnen zufolge nicht vollständig zu sein. Wird ein Teil in der *partitio* nicht erwähnt, so ergibt sich daraus nicht unbedingt die Vermutung, daß er nicht existiert, sondern möglicherweise auch nur die Vermutung, daß er geringe Bedeutung hatte. Auf das Gewohnheitsrecht übertragen heißt das: sein Fehlen in den Katalogen erzeugt nicht die Vermutung seiner fehlenden Anerkennung, sondern seiner geringen Bedeutung. Selbstverständlich hat die Beweisführung bis hierher nur einen negativen Wert, den der Ausräumung einer Vermutung. Der (positive) Beweis dafür, daß das Gewohnheitsrecht als Rechtsquelle anerkannt war, muß anderweitig geführt werden. Zu diesem Zweck haben wir an anderer Stelle[220] versucht, den sozialen und kulturellen Rahmen zu skizzieren, der die Anerkennung des Gewohnheitsrechts ermöglichte und wahrscheinlich machte. In der vorliegenden Darstellung haben wir uns im übrigen mit einigen Ansätzen zur Interpretation von Texten, sei es aus der Gesetzgebung im weitesten Sinne, sei es aus den Juristenschriften selbst, begnügt; dabei haben wir gewichtige Anhaltspunkte für die Anerkennung des Gewohnheitsrechts gefunden. Durch eine gründliche Analyse der Texte wird wohl im Rahmen des Möglichen auch der positive Beweis dafür geführt werden können, daß die Juristen das Gewohnheitsrecht als Rechtsquelle anerkannten.

Bei dem Problem des Einflusses von Philosophie und Rhetorik auf die Rechtswissenschaft hat sich uns unversehens die Fragestellung verschoben. Von der in der Literatur üblichen Fragestellung aus konnten wir einige weitere Indizien dafür geben, daß zumindest die Vertreter der systematisierenden Nebenströmung der hochklassischen Jurisprudenz[221], Pomponius und Gaius, aber auch die Spätklassiker, hier repräsentiert durch Papinian, die Schemata der *divisio* und *partitio* nicht nur anwandten, sondern auch bewußt erfaßten. Doch war kein sicherer Beweis dafür möglich, daß sie bei ihren dem Schema der *partitio* folgenden Rechtsquellenkatalogen von philosophisch-rhetorischen Einflüssen abhängig waren. Dagegen sprach einmal die Existenz ähnlich struktuierter

220 Festschrift Felgenträger, 353 ff.

221 S. nur Kunkel, Röm. Rechtsgeschichte 1967^5, 116 ff.

Kataloge aus der Gesetzgebung (i.w.S.), zum anderen und vor allem aber die Überlegung, daß die Darstellung durch Aufzählung der Glieder eines Ganzen sich auch ohne Reflexion über ihre theoretische Relevanz anbietet. Damit wandelte sich die historische Frage in die von den geschichtlichen Bedingungen unabhängige methodische Frage, welchen logischen Gesetzen die Gliederung eines Ganzen „an sich" folgt. Für die Lösung dieser Frage, hier konkret für das Problem der Vollständigkeit der Gliederung, können die Überlegungen der antiken Philosophen und Rhetoren zum Problemkreis *merismos–partitio* nützlich sein.

Weitere Untersuchungen zur römischen Auffassung von den Rechtsquellen müßten sicherlich in erster Linie die Frage klären, welche Voraussetzungen und welche Funktion das Gewohnheitsrecht nach Auffassung der römischen Juristen hatte. Die Antwort auf diese Frage könnte dazu verhelfen, die historische Bedingtheit der modernen Lehre vom Gewohnheitsrecht und die Grenzen dieser Begriffsbildung zu klären.

Doch sollte über diesen Untersuchungen nicht das Problem übersehen werden, das in dem Aufkommen der Rechtsquellenlehre als eines Teiles der (heute so genannten) allgemeinen Rechtslehre in hoch- und vor allem spätklassischer Zeit liegt[222]. Einen Satz Hegels[223] variierend, könnte man sagen, daß die Eule der Reflexion erst in der Dämmerung zu fliegen beginnt. Das Auftreten der Rechtsquellenlehre ist – neben anderen Ansätzen zu einer Rechtstheorie – wohl ein Indiz dafür, daß die Juristen – vor allem seit dem 2. Jhd. n.Chr. – beginnen, die Unschuld der unreflektierten Selbstverständlichkeit zu verlieren, mit der sie bisher die Fundamente der römischen Rechtsordnung hingenommen hatten[224]. Dabei ist es eigentümlich, daß das rechtstheoretische Interesse zwar besteht, daß aber die Art, wie es zum Ausdruck kommt, eher – sit venia verbo – naiv ist, daß vor allem der Einbau der Theorie in die juristische Praxis ausbleibt. Ein Zeichen dafür ist es, daß selbst im System des Gaius etwa die Lehre von den Rechtsquellen der Darstellung der Rechtsordnung äußerlich bleibt, ihr wie aufgepfropft erscheint (vgl. Gai.Inst. 1.1–7 mit 8 ff.). So ist es auch charakteristisch, daß Gaius sein Versprechen (1.1 a.E.), bei der Darstellung der römischen

222 Vgl. zur Neuorientierung in der Zeit der Severer nur Bretone, Labeo 16, 1970, 222 f.

223 Grundlinien der Philosophie des Rechts, Vorrede a.E.

224 Die weithin verbreitete Meinung (repräsentativ etwa F. Schulz a.a.O. 159 ff.), die – durch umfangreiche, heute wohl häufig nicht akzeptable Interpolationsannahmen gestützt – der philosophischen Perspektive in der römischen Rechtswissenschaft eine sehr bescheidene Rolle zuweist, hat sicher insofern recht, als philosophische Einflüsse bei der Lösung konkreter juristischer Fragen alles in allem nicht übermäßig bedeutend waren. Wie ich im Text anzudeuten versuche, übersieht aber die bloße Negation sowohl das hinter dem erwachenden philosophischen Interesse stehende Bedürfnis als auch die Gründe für seine recht ungenügende Befriedigung.

Rechtsinstitutionen jeweils ihre Herkunft aus dem *ius civile* oder aus dem *ius gentium* anzugeben, nur recht selten einlöst[225].

Das Auftreten der allgemeinen Rechtslehre gibt eine Reihe von Fragen auf. Hatten die Juristen der späteren Klassik ein – sei es vom Skeptizismus der Epoche, sei es von den aufkommenden religiösen Strömungen, sei es schließlich von der zu den revolutionären Zuständen des 3. Jhd. führenden sozialen Unruhe – beeinflußtes schlechtes Gewissen, das sie zur Legitimation des Rechts zwang? [226] War der „Geist des römischen Rechts" in der Spätzeit schon so müde geworden, daß er die neuen Bedürfnisse zwar erkannte, aber nicht anders als ornamental befriedigen konnte? Oder besteht eine Art von Eigensetzlichkeit der Jurisprudenz, die die unmittelbare Aufnahme rechtstheoretischer Erkenntnisse in die Interpretation des Rechts zumindest erschwert – wofür manche rechtsphilosophischen und rechtssoziologischen Ornamente in der vergangenen und gegenwärtigen Literatur ein Indiz sein könnten? Eine sichere Antwort auf diese Fragen wird sich wohl nicht finden lassen, da weder das Material ausreicht, noch die Phänomene so isolierbar sind, daß sichere Kausalketten und Zusammenhänge festgestellt werden könnten. Gerade diese spezifische Unmöglichkeit oder Unvollständigkeit der Antworten verlangt aber, daß man sich der offenen Fragen stets bewußt bleibt. Sonst besteht die Gefahr, daß die Fraglosigkeit zum Vorurteil führt.

---

225 S. nur Fuhrmann a.a.O. 106 mit A.1. Die übrigen Werke, in denen rechtstheoretische Äußerungen erscheinen, sind zu fragmentarisch überliefert, als daß sich etwas Sicheres ausmachen ließe. Doch dürfte für sie wohl ähnliches gelten. Im übrigen wäre eine zusammenfassende Darstellung der Verwendung philosophisch-rhetorischer Schemata durch die Juristen notwendig. Dabei wäre die Frage sowohl unter dem Aspekt der einzelnen Juristen (s. etwa Tryph. 16.3.31; 12.6.64; Paul. 48.20.7 pr), als auch unter dem Aspekt der hierfür besonders anfälligen Materien (vgl. das Sklavenrecht; s. nur Ulp. 50.17.32 i.V.m. 15.1.41; Claud. Sat. 48.2.12.4) zu untersuchen.

226 Wichtig wäre eine umfassende Untersuchung der Kritik am römischen Recht in dieser Epoche; vgl. nur die Beispiele bei Mazzarino BIDR 65, 1962, 57 ff., sowie Maschi, Studi Biondi II, 1965, 709 ff.

XII. Anhang: *Divisio* und *partitio* in der gegenwärtigen Rechtswissenschaft

Wir haben bisher Wesen und Bedeutung von *divisio* und *partitio* in der antiken Wissenschaft diskutiert und zugleich nachzuweisen versucht, daß diese Diskussion auch für die Kenntnis des römischen Rechts fruchtbar sein kann. Nur als Anhang soll jetzt noch die Frage nach der rechtstheoretischen Erheblichkeit dieser Unterscheidung für die Gegenwart gestellt werden. Dabei müssen wir uns hier auf einige ungeordnete Andeutungen beschränken.

In der rechtstheoretischen Literatur spielt zur Zeit das Problem des Systemgedankens eine zentrale Rolle[227]. Es geht etwa um die Fragen, ob das System im Recht gegenüber Topik, Kasuistik und Problematik überhaupt eine Rolle spielen dürfe, welche Funktionen man ihm allenfalls noch zuweisen könne, ob es juristisch produktiv ist oder nur der Beschreibung des Rechts dient. Dabei ist man sich nicht immer ausreichend darüber im klaren, was man im Einzelfall unter System zu verstehen hat. Die antiken Diskussionen über die *divisio* und die *partitio* mögen hier wenigstens zu einem kleinen Teil hilfreich sein.

Um ein einfaches Beispiel zu nennen, so wird in der einführenden Literatur[228] zum geltenden Privatrecht häufig das bis in die ersten Jahrzehnte des 19. Jahrhunderts geltende Institutionensystem mit den Teilen *persona, res, actio* dem seither herrschenden und im BGB verwirklichten Pandektensystem mit seinen Teilen: Allgemeiner Teil, Schuldrecht, Sachenrecht, Familienrecht, Erbrecht, gegenübergestellt. Es wird dabei übersehen, daß man es hier mit ganz verschiedenartigen Systemansätzen zu tun hat. Das Institutionensystem beruht auf den Grundsätzen der *divisio*. Gleichsam kraft innerer Logik gliedert es die Rechtsmasse nach Rechtssubjekt, Rechtsobjekt und Rechtshandlung (i.w.S.). Würde man noch ein viertes Element hinzufügen, so wäre die innere Logik gestört. Anderes gilt beim Pandektensystem. Hier handelt es sich eher um eine äußerliche und zugleich konkrete Einteilung des Rechts in der Form der *partitio*. Würde man noch weitere Teile des Zivilrechts, etwa das Handelsrecht oder das Seerecht, hinzufügen, so wäre nur der Inhalt, nicht aber die Struktur der Einteilung verändert. Ein weiteres Beispiel gibt die Einteilung der subjektiven

227 Die beste Darstellung der geistesgeschichtlichen Hintergründe des juristischen Systemgedankens findet sich bei Wieacker, Privatrechtsgeschichte der Neuzeit, 1967², 275 f. passim; zur modernen Problematik siehe etwa Larenz, Methodenlehre, 1969², 149 ff., 412 ff.; Canaris, Systemdenken und Systembegriff in der Jurisprudenz, 1969; weitere Lit. etwa bei Krawietz, Juristische Schulung 10, 1970, 428 A.20 u. 21.

228 Vgl. zum Institutionen- und Pandektensystem hier nur Dubischar, Grundbegriffe des Rechts, 1968, 68.

Rechte in absolute und relative Rechte. Faßt man diese Einteilung als *divisio* auf, so ist die Schaffung oder Einordnung anderer Rechtsformen, etwa der Gestaltungsrechte oder des *ius ad rem*, mit großen Schwierigkeiten verbunden. Für eine *partitio* ergibt sich nur das Problem der Praktikabilität.

Die *divisio* gehört einer Epoche an, in der Logik und Erkenntniskritik kaum getrennt waren, in der man annahm, daß es möglich ist, gleichsam *more geometrico* von einigen Axiomen aus durch Definitionen, Einteilungen und Deduktionen die Realität zu erkennen und zu ordnen. So verwundert es nicht, daß das System innerhalb der europäischen Rechtsgeschichte vom Naturrecht bis zum wissenschaftlichen Positivismus weithin vom Prinzip der *divisio* beherrscht war. Ziel war die logische, hierarchische und lückenlose Ordnung des Rechts. Gerade die mit der *divisio* wesensmäßig verbundene Lückenlosigkeit galt als der sicherste Beweis für die Wahrheit der Rechtserkenntnis.

In der Auseinandersetzung mit der konstruktiven Jurisprudenz ist heute diese Basis weitgehend zerbrochen. Um so erstaunlicher ist es, daß die moderne Rechtswissenschaft trotzdem noch vielfach den Prinzipien der *divisio* folgt, ohne sich der wissenschaftstheoretischen Änderungen, hier der Abwertung der *divisio* als logisches und erkenntniskritisches Instrument, recht bewußt zu sein. Nun ist ein solcher cultural lag der Rechtswissenschaft gegenüber anderen Wissenschaften nichts Neues[229]. Immerhin sind seit langem Anzeichen dafür vorhanden, daß man – mit der Sprache der antiken Wissenschaftstheorie zu sprechen – erkennt, daß der eher deskriptive Systemansatz der *partitio* modernem Wissenschaftsverständnis besser entspricht. Zu denken ist vor allem an die häufig erhobene Forderung, daß man vom „geschlossenen System" des juristischen Positivismus zum „offenen System" eines eher empirischen Rechtsverständnisses übergehen solle. Der Rechtshistoriker kann hier die Vermutung nicht unterdrücken, daß sich unter diesen so überaus modernen Schlagwörtern nicht viel anderes verbirgt als die in Vergessenheit geratene stoische Entgegensetzung von *diairesis* und *merismos*, von *divisio* und *partitio*.

229 Vgl. auch A. Heldrich, Rabels Z. 34, 1970, 434 (mit Lit.). Zu diesem alten Topos Troje, Graeca leguntur, 1971, 253.

Quellenindex

I. Juristische Quellen

A. Vorjustinianische Quellen

B. Corpus Iuris Civilis

II. Nichtjuristische Schriftsteller

III. Inschriften und Papyri

FSC
www.fsc.org
MIX
Papier | Fördert gute Waldnutzung
FSC® C083411

Kolibri 360 GmbH
Ferdinand-Jühlke-Straße 7
99095 Erfurt, Deutschland
produktsicherheit@kolibri360.de